나를 돌보기 위해 정리를 시작합니다

미니멀리스트, 맥시멀리스트, 귀차니스트도
쉽게 따라 하는 정리 습관

나를 돌보기 위해 정리를 시작합니다

정코(정리마켓) 지음

비즈니스북스

글 작가 | **정은길**
'말하는 삶'에서 '쓰는 삶'을 살고 있다. 매일 이야기를 생각하고 글을 쓴다.《여자의 습관(적게 벌어도 잘사는)》 외 8권의 책을 썼다. 오랫동안 다양한 이야기를 글로 쓰고자 매일 운동을 하고 책상에 앉는다.

나를 돌보기 위해 정리를 시작합니다

1판 1쇄 발행 2024년 9월 27일
1판 2쇄 발행 2024년 10월 15일

지은이 | 정코(정리마켓)
발행인 | 홍영태
편집인 | 김미란
발행처 | (주)비즈니스북스
등 록 | 제2000-000225호(2000년 2월 28일)
주 소 | 03991 서울시 마포구 월드컵북로6길 3 이노베이스빌딩 7층
전 화 | 02-338-9449
팩 스 | 02-338-6543
대표메일 | bb@businessbooks.co.kr
홈페이지 | http://www.businessbooks.co.kr
블로그 | http://blog.naver.com/biz_books
페이스북 | thebizbooks
ISBN 979-11-6254-391-7 03190

* 잘못된 책은 구입하신 서점에서 바꾸어 드립니다.
* 책값은 뒤표지에 있습니다.
* 비즈니스북스에 대한 더 많은 정보가 필요하신 분은 홈페이지를 방문해 주시기 바랍니다.

비즈니스북스는 독자 여러분의 소중한 아이디어와 원고 투고를 기다리고 있습니다.
원고가 있으신 분은 ms1@businessbooks.co.kr로 간단한 개요와 취지, 연락처 등을 보내 주세요.

치열한 삶의 이야기가 담긴 정리를 찾아서

언젠가 어느 웹툰의 댓글에서 SNS에 대한 무릎을 탁 치게 만드는 새로운 해석을 본 적이 있다.

S: 사정없이

N: 늘어나는 박탈감

S: 서비스

진심으로 공감하는 말이다. 오늘날 우리는 원하든 원하지 않든 SNS를 통해 정말 많은 사람의 삶을 들여다본다. 그러곤 이내 불쾌함을 느낀다. 이 불쾌함은 단순한 시기 질투가 아니다. SNS 속 '그들만의 세상'에 사는 사람들과 나를 비교하며 느끼는 초라함에서 비롯되는 불쾌함이다.

문제는 이러한 울적함이 생존을 위해 필요한 의식주 분야에서도 나타난다는 점이다. SNS 세상에는 잡지의 한 장면을 그대로 옮겨 놓은 듯한 집안 풍경, 백화점 매장인지 헷갈릴 정도로 고급스러움이 느껴지는 드레스룸, 요리 프로그램 세트장 같은 주방의 이미지가 넘쳐난다. 계속 이 이미지를 보다 보면 마치 나만 빼고 다들 이런 공간에서 우아하게 살고 있나 싶은 생각이 든다.

그 이미지들을 보고 난 후 내가 먹고 자는 공간을 둘러보면 답이 없다. 아무리 쓸고 닦아도 늘 지저분해 보이는 곳들, 입을 만한 옷도 없는데 여유 공간 없이 꽉꽉 들어차 있는 옷장, 음식을 해 먹고 싶지 않은 주방 등 한숨이 절로 나온다. 설령 이 정도까진 아니더라도 SNS에서 본 이미지와 내가 사는 현실이 사뭇 다른 건 사실이다.

이때 변화를 원하는 사람들이 자연스럽게 떠올리는 것이 바로 정리 전문 업체다. 정리 전문가의 손길을 거친 공간의 비포와 애프터를 보면 나도 모르게 입이 떡 벌어진다. '나도 내가 사는 공간을 저렇게 바꿀 수 있지 않을까?' 싶은 생각이 든다. 그러나 감탄은 쉽고 실행은 어렵다. 전문가가 만들어낸 변화를 내 공간에 똑같이 적용하기란 말처럼 쉽지 않기 때문이다. 전문가가 아닌 일반인 입장에서 선뜻 정리를 시작할 엄두가 안 나기도 하지만 정리가 어려운 이유는 사실 따로 있다.

진정한 '정리'란 무엇보다 나와 나의 취향 그리고 삶의 철학을 근본부터 들여다보는 데서 출발하는 일이기 때문이다.

정리, 수납 용품을 만드는 회사를 운영하는 사람으로서 나는 '진짜 삶' 속의 정리가 무엇인지 알고 싶었다. 인스타그램이나 쇼핑몰에 올라오는 예쁜 이미지를 위한 정리가 아닌, 정리 전문가의 손길이 닿은 각 잡힌 정리가 아닌 바로 우리네 이웃들의 삶의 모습을 엿볼 수 있는 그런 정리 말이다. 이제 막 독립을 시작한 자취생에게는 새로 시작하는 설렘 가득한 그들만의 삶이 있을 테고, 직장인에게는 업무와 병행하는 그들만의 삶이, 전업 주부에게는 집을 꾸려 나가는 그들만의 삶이 있을 터였다. 나는 그들이 어떻게 자기만의 노력을 기울이며 각자의 삶을 돌보고 있는지 알고 싶어졌다. 그래서 내가 운영하는 유튜브 채널에서 직접 사람들의 사연을 모집했고 그렇게 자신의 정리 비법을 공유하는 '전국 살림 자랑' 콘텐츠가 탄생했다.

유튜브 정리마켓의 주력 콘텐츠인 전국 살림 자랑에는 여러 살림 고수들이 등장한다. 이 영상들에는 SNS에서 지겨울 정도로 봐왔던 쇼룸 같은 이미지가 없다. 우리 집에서도 쉽게 찾을 수 있는 물건들이 심심치 않게 등장하며 친구네 집에 놀러 간 듯 익숙한 느낌이 드는 가정집이 대부분이다. 하지만 그들의 집 안 구석구석을 살펴보면 평범하고 일상적인 방법으로도 체계적이고 창의적인 정리가 가능하다는 것을 알 수 있다. 그들은 밀대 걸레가 벽에서 쉽게 미끄러지지 않도록 플라스틱 우유 뚜껑으로 고정시키는 방법, 휴대전화 그립톡으로 방문 스토퍼를 대신하는 방법 등을 수줍지만 사랑스럽게 이야기한다.

이러한 생활형 정리, 누군가의 삶의 이야기가 그대로 담긴 정리는 많은 이들에게 '감탄'을 넘어 '감동'을 선사했다. 그리고 그 감동은 순식간에 퍼져나갔다. 누적 조회수는 수천만 회가 되었고 영상을 본 사람들의 댓글은 셀 수 없을 정도로 많이 쌓여갔다. '감동'感動의 '동'動은 움직인다는 뜻인데, 그만큼 사람들의 마음을 움직인 정리였기 때문이라고 생각한다.

나는 이제 이러한 감동을 책으로도 나누고자 한다. 내가 메신저가 되어 영상에서 화제가 되었던 이야기, 영상으로는 미처 담지 못했던 이야기들을 좋은 소식을 전해주는 파랑새처럼 따뜻하고 반갑게 전하고 싶다.

정리는 우리의 인생을 반짝이게 만들어주는 정말 중요한 행동이다. 또한 우리의 일상이 어떻게 굴러가는지를 보여주는 시작점이자 전부다. 삶이 멈춰버린 공간에는 짐들이 쌓인 채 방치되어 있지만 삶이 흐르는 공간에는 따스한 온기와 유쾌한 에너지가 느껴진다. 밝고 행복한 삶을 원한다면 더 이상 정리를 미루거나 멀리해선 안 된다.

나는 '정리'를 이야기할 때 사람들이 흔히 하는 오해, 즉 SNS 속 화려한 정리 이미지에 대한 오해를 바로잡고, 누구나 바로 시작할 수 있는 진정한 '생활밀착형 정리'가 무엇인지에 대해 말하려 한다. 또한 정리란 큰맘 먹고 해야 하는 일이 결코 아니며 잘하는 사람과 못하는 사람이 따로 있지 않다는 것도 이야기하고 싶다. 이 책을 읽은 분들이 마음을 움직여 물컵 하나라도 제자리에 두는 정리를 시작한다면 더 바랄 게 없겠다. 그렇게 모든 이의 삶이 자기만의 아름다움으로 반짝거리고 생생하게 빛나기를 진심으로 응원한다.

차례

정리 습관 3 마음속 가난 콤플렉스 극복하기

정리 습관 4 미니멀리즘, 적게 갖고 최소한으로 정리한다

정리 습관 5 맥시멀리즘, 물건 무덤 대신 나만의 컬렉션으로!

정리 습관 9 지구와 나를 위한 제로웨이스트 정리

정리 습관 10 정리의 마지막 원칙, 유지하기

정리 습관 1

물건을 살짝 옮기는 것부터 시작하라

이 책의 활용법

각주로 표시된 이 책에 등장한 분들의 더 자세한 에피소드는 각 장 끝 '영상으로 더 자세히 보기' 코너에서 QR코드를 통해 바로 확인할 수 있습니다.

나만의 '살림'을 시작하는 시기는 사람마다 다르겠지만 삶의 주기를 놓고 봤을 때 대체로 진학이나 취업, 결혼 등으로 독립을 하면서부터다. 나만의 온전한 공간에서 내 마음대로 무엇이든 꾸밀 수 있다는 기대감으로 시작하는 새로운 삶 말이다.

그러나 그 기대는 금세 좌절로 바뀐다. 공간을 꾸미는 일은 '정리'가 선행되어야 가능한 일이기 때문이다. 학교나 직장에 다니느라, 맞벌이나 육아를 하느라 정리를 자꾸 미루다 보면 나를 둘러싼 공간은 어느덧 지저분해지고 어수선해진다. 그 시간이 점점 길어지다 보면 세상에서 가장 편안하고 아늑하길 바랐던 공간이 어느새 머물기 싫고 빠져나

가고 싶은 공간으로 변해버린다. 그러다 문득 깨닫는다.

'아, 그러고 보니 나는 정리를 배운 적이 없네?'

타고나길 정리를 잘하는 사람도 있지만 정리에 관심이 없어 무심히 사는 사람도 있다. 독립하기 전의 공간이 어땠는지 제대로 기억나지도 않을 만큼 말이다. 정리의 필요성을 느낀 후 이런저런 정보를 찾아보지만 그럴수록 도리어 정리에 대한 높은 허들을 마주하기도 한다. 소위 '넘사벽'인 사람들의 모습을 보면서 내가 과연 이렇게 할 수 있을까 싶은 생각에 지레 포기한다.

그러나 걱정하지 말자. 정리는 어떤 거창한 일이 절대 아니다. 어린이집에 다니는 어린아이가 자기 장난감을 장난감통에 넣는 것도 정리다. 책상 위에 놓여 있던 머그컵을 주방으로 가져가 씻고 식기건조대에 놓는 것도 정리다. 정리의 시작은 생각보다 간단하다. 꼭 배워야만 할 수 있는 일이란 생각은 당장 버려도 좋다.

모든 일의 시작은 마음 먹기,
정리의 시작도 마음 먹기

정리에 대한 가장 대표적인 두 가지 오해가 있다.

첫째, 정리를 잘하는 사람은 따로 있다.

둘째, 정리하는 데에도 돈이 든다.

정리를 잘하는 사람들이 물건을 착착 수납해놓은 모습을 보면 정말 기가 막힌다. '나는 저런 센스 넘치는 수납법을 생각해본 적이 없는데!' 하는 마음이 절로 든다. 그런 아이디어의 부재는 둘째치고, 그들의 정리법을 따라 하는 것조차 힘들 때가 있다. 똑같이 하라는 대로 옷을 갰는데 결과물은 사뭇 다른 모습이 되어버린다. 고수들의 옷장 서랍은 백화점 매장 같은데 내 옷장은 옷 하나만 꺼내도 와르르 무너져버리고 만다.

게다가 정리 꿀팁 등의 정보를 보면 대부분 똑같은 모양의 도구들이 좌르륵 등장한다. 똑같은 디자인의 옷걸이, 크기별로 정리된 수납함 세트들이 확실히 정리의 효과를 극대화하긴 한다. 그래서 옷걸이나 수납함을 사려고 알아보는데 찾아보니 그 제품들의 가격이 만만치 않다. 특히 물건을 깔끔히 정리하려면 수납함이 생각보다 많이 필요한데 그걸 다 사자니 너무 부담스럽다.

이렇게 많은 사람이 스스로를 '정리에 재능이 없는 사람'으로 여기고 주머니 사정을 안타까워하며 정리와 점점 멀어지곤 한다. 그 결과 집은 계속 엉망인 상태에서 나아지지 않는다. 하지만 이건 정리에 대한 가장 큰 오해다. 정리는 잘하는 사람이 따로 있는 분야가 아니고 무조건 돈이 드는 일도 아니다.

물론 정리를 더 잘하는 사람이 있을 수는 있겠지만 내 라이프스타일과 동선에 맞춰 정리하는 건 내가 가장 잘할 수 있다. 물론 남들이 볼 땐 이상한 정리일 수 있지만 그 공간에서 생활하는 내가 가장 편하다면 그게 바로 정답이다. 정리는 '누가 누가 더 예쁘게 꾸미는가?'의 문제가 아니기 때문이다. 내 생활에 딱 맞는 정리 방법을 터득하는 게 최고의 정리다.

수납함 등 정리에 필요한 도구에 돈을 쓰는 문제도 마찬가지다. 규격화된 수납함은 편리하지만 어느 집에나 딱 들어맞지 않는다. 규격화된 수납함이 없다고 정리를 못 하느냐 하면 그렇지 않다. 집에 굴러다니는 쇼핑백이나 신발을 살 때 받는 종이 상자도 튼튼한 수납함이 될 수 있다. 원하다면 내 마음대로 아무거나 수납함으로 쓰면 된다.

그렇다면 도대체 얼마만큼의 정리 실력을 갖춰야 정리를 제대로 할 수 있는 걸까? 일단 질문부터가 잘못되었다. 정리는 그냥 내가 '하겠다'고 마음을 먹는 그 순간부터가 바로 시작이다. 그렇게 나만의 정리 습관을 만드는 것이다.

당연히 처음에는 누구나 시행착오를 겪는다. 그건 정리뿐만 아니라 처음 하는 모든 일들이 그렇다. 뻔한 말이지만 모든 일은 하다 보면 시간이 지나면서 차츰 익숙해지고 나아진다. 그렇게 시행착오를 겪다 보면 나만의 노하우가 생기는 수준이 된다. 그 과정에서 조금이라도 시행착오를 줄이고 싶다면 나보다 정리를 잘하는 사람의 노하우를 참고하는 것도 좋은 방법이다.

30대 소방공무원인 김진선 씨[1]는 군대에 갔을 때 딱 이런 마음으로 정리를 시작했다고 한다.

> "원래 살림에 전혀 관심이 없다가 군대에서 생각을 많이 하게 됐어요. 내가 가진 건 시간과 열정뿐인데 효도를 하려면 뭘 어떻게 해야 할까. 그때 책을 한 권 샀거든요. 정리 정돈에 관련된 책이었어요. 그 책을 보고 휴가를 나와서 정리를 시작했죠."

진선 씨는 주어진 시간이 많지 않았지만 책을 읽으며 알게 된 정리법을 적용해 정리를 시작했다. 부모님이 일하느라 늘 바빴기 때문에 자신이 아니면 정리를 할 사람이 없었기 때문이었다.

하지만 결과는 예상과 달랐다. 집은 점점 깨끗해져갔지만 어머니는 진선 씨가 정리하는 것을 마냥 좋아하지 않았다. '나중에 필요할 수도 있는 물건인데 당장 쓰지 않는다고 왜 아깝게 버리냐?'는 얘기였다. 그러나 그렇게 비운 물건을 나중에 다시 찾는 경우는 거의 없었다. 진선 씨는 제대 후에도 꾸준히 정리하는 습관을 유지했다. 정리 실력이 일취월장한 것은 두말할 필요도 없었다. 진선 씨의 정리 덕분에 집이 더 넓어지고 깔끔해지자 이제는 어머니도 따라 정리를 하게 되었다고 한다. 이제 결혼을 해서 신혼부부가 된 진선 씨는 여전히 정리 습관을 유지하며 살고 있다.

정리 습관이 삶에 끼치는 영향력은 우리의 생각보다 훨씬 크다. 정리를 잘 하게 되면 정돈된 공간에서 물건을 찾느라 아까운 시간을 낭비하는 일이 현저히 줄어들고, 있는 줄도 모르고 같은 물건을 또 사서 돈 낭비를 하는 일도 사라진다. 무엇보다 정리를 통해 확보한 여유 공간에서 더욱더 쾌적하게 살 수 있다. 그런 이유로 진선 씨는 정리 습관 또한 하나의 스펙이라고 생각한다고 말했다.

이처럼 돈과 시간 그리고 공간까지 아껴주는 정리 습관을 기르는 일은 우리의 삶에 많은 도움이 된다. 그러니 정리를 미룰 이유는 하나도 없다. 지금 '정리를 배운 적 없다'는 이유로 시작을 망설이고 있는가? '일단 하겠다'는 마음부터 먹어보자. 그렇게 마음을 먹을 때 비로소 내가 오랫동안 방치하던 물건을 버리고, 여기저기 굴러다니는 물건들도 제자리에 두기 시작할 것이다.

머물고 싶은 집을 만드는 첫걸음

2020년 초 전 세계를 혼란에 빠트린 코로나19는 우리 삶의 많은 부분을 바꾸었다. 그중에서도 격리, 재택근무, 비대면 수업 등으로 집에 머무는 시간이 절대적으로 늘어난 것이 가장 큰 변화라 할 수 있다.

코로나19 이전에는 아프면 병원에 가고, 회사에서 일하고, 학교에서 수업을 듣는 게 당연한 일상이었다. 특히 성인들은 집에 머무르는 시간이 짧아 집에서는 잠만 자는 라이프스타일이 흔했다. 하지만 코로

나19 팬데믹으로 '집'은 일을 하는 '회사'로, 커피를 먹는 '카페'로, 수업을 하는 '학교'로 변화해야 했다. 일과 공부를 위해 책상 놓을 곳이 추가로 필요해졌고, 가족 모두가 하루 종일 집에 머무르기 위해 충분한 공간이 절실해졌다. 하지만 많은 사람이 이미 자리를 차지한 짐들 때문에 갑작스레 새로운 공간을 만들기 쉽지 않았고 갑자기 정리를 해야 하는 상황에 답답함을 느꼈다. 집 밖으로 나가고 싶은 마음이 굴뚝 같았지만 엔데믹이 오기까지 상당히 오랜 시간을 견뎌야 했다.

그러자 온라인에선 산뜻한 홈 오피스, 아늑한 홈 카페, 쾌적한 홈 공부방 등 집을 활용한 다양한 콘텐츠가 쏟아졌다. 집 크기와 가족 구성원에 따라 적용 가능한 여러 공간 연출 콘텐츠가 올라오기 시작하면서 자연스레 새롭게 정리에 눈을 뜬 사람들도 생겨났다. 두 아이의 어머니이자 8년차 직장인인 '시하마마' 씨[2]도 그런 경우였다. 시하마마 씨는 맞벌이 8년 만에 처음으로 육아 휴직을 하면서 집에 있는 시간이 길어졌는데 그때 느낀 바가 많다고 했다.

> "집에 있는 시간이 길어지면서 한 번씩 유튜브를 보게 됐어요. 영상에서 깨끗하게 정돈된 집에 사는 주부들을 보게 됐는데 저희 집이랑 정반대 모습인 거예요. 저에겐 집이 항상 나가고 싶은 공간이었거든요. 사실 가장 오래 머무는 곳이 집인데 말이죠. 그때부터 집을 머물고 싶은 공간으로 만들고 싶다는 생각을 하기 시작했어요."

시하마마 씨는 흐트러진 물건의 위치부터 점검했다. 지난 8년 동안 물건을 정리하기보단 그냥 되는대로 두는 습관이 들었다는 걸, 그렇게 여기저기 쌓인 물건들이 집을 산만하게 만들어왔다는 걸 깨달았기 때문이다. 그러면서 문득 어릴 때 어머니가 정리를 하던 모습을 떠올렸다.

> "어렸을 때 저희 집이 되게 가난했어요. 정말 오래된 주택에서 살았는데 그땐 침대가 없었거든요. 이불을 바닥에 펴놓고 잤는데 엄마가 아침마다 하루도 빠짐없이 이불을 갰어요. 어렸을 때는 그게 당연하다고 생각했는데 그건 당연한 게 아니라 엄마의 노력이었더라고요."

어머니의 수고로움 덕분에 시하마마 씨는 깔끔한 집에서 지낼 수 있었다. 물론 이런 수고로움이 오직 어머니만의 몫은 아니다. 가족 구성원이라면 마땅히 함께 집안일에 참여해야 한다. 아이가 있다면 아이들도 거들면 금상첨화다. 여기서 중요한 건 '누가 가장 먼저 정리의 필요성을 느꼈느냐'다. 그렇게 가족들이 합심해 편안하고 깔끔한 공간을 만들면 집은 오래도록 머물고 싶은 곳으로 변한다. 결국 집이라는 공간에 애정이 생기려면 다른 어떤 것보다 정리가 선행되어야 하는 것이다.

나도, 나와 함께 사는 가족도 집을 좋아하지 않는다면 어떻게 될까? 집에서 충분한 휴식을 취할 수가 없다. 가족과 집에서 무언가를 하는 게 불편해진다. 집 밖에서 즐거운 시간을 보낼 수도 있지만 그것도 하루 이틀이다. 여행 후 집으로 돌아와 제대로 피로를 풀 수 없다면 결국 집 밖에서의 활동도 피곤하게 느껴질 것이다.

그러니 집은 '탈출하고 싶은 곳'이 되어선 안 된다. 집에 있기가 답답하다면 밖으로만 돌 게 아니라 왜 그런 느낌이 드는지 이유를 찾아야 한다. 대부분은 정리되지 않은 집 상태와 연관이 있다. 집이 지저분하면 치워야 하는데 치울 엄두가 나지 않으니 자꾸 밖으로만 나가고 싶은 것이다.

머물고 싶은 집을 만드는 시작은 시하마마 씨처럼 물건의 위치를 정해주는 것이다. 물건을 되는대로 쌓아놓다 보면 눈 깜짝할 사이에 숲을 이루기 마련인데, 그 숲을 조금씩 허문다는 마음으로 하나씩 제자리에 물건을 두기만 하면 된다. 그러면 물건의 숲은 점점 사라지고 그 자리엔 쾌적함만 남는다. 정리를 통해 그런 공간이 만들어졌을 때 비로소 답답함이 아닌 편안함이 느껴지는 집, 가족 모두가 계속 머물고 싶은 집이 만들어질 수 있다.

정리의 본질은 '완벽함'이 아닌 '매일 쉽게' 하는 것

정리를 안 하거나 못하는 사람들은 대체로 게을러서 그런 걸까? 그럴 수도 있지만 아닐 수도 있다. 게으른 완벽주의자들 중에는 정리를 아예 하지 않는 사람들도 은근히 많다. 다시 말해 이들은 귀찮아서가 아니라 완벽하게 하고 싶은 마음이 너무 커서 계속 정리를 미루곤 한다.

> 깔끔하게 정리해서 SNS에 나오는 집처럼 멋들어지게 만들어야지.
>
> 아, 그러면 인테리어 꿀팁들을 찾아볼까?
>
> 아, 청소부터 해야 인테리어를 할 수 있겠구나.
>
> 아, 그럼 청소 도구를 좀 사야겠다.
>
> 이왕이면 좋은 청소 도구를 알아봐야 하는데….

정리를 하지 않는 이들의 머릿속도 알고 보면 굉장히 바쁘다. 때론 정리를 하며 몸이 힘들 때보다 더 많은 스트레스를 받기도 한다. 정리를 '해야 할 일'로 인식하고 있기 때문이다. 그것도 아주 잘, 완벽하게 해야 하는 일로 말이다. 이렇게 스스로에게 스트레스를 주다 보니 정작 실천에 옮길 에너지가 없다.

그런데 정리에는 애초에 '완벽'이 없다. 사람이 생활하는 공간은 수시로 어질러지고 수시로 치우는 과정이 반복되기 때문이다. 주방 정리를 완벽하게 했다고 해도 음식을 해 먹고 나면 그 상태가 금세 흐트러지지 않던가. 우리가 생활하는 모든 공간들이 다 그런 식이다.

그러므로 정리를 더 깔끔하고 완벽하게 하려는 마음 말고 어떻게 하면 자주, 쉽게 할 수 있을지를 고민해야 한다. 대표적인 방법이 바로 정리의 기준점을 낮게 잡는 것이다. '일단 이거 하나만' 하는 마음이어야 물건 하나라도 옮기기가 쉬워진다. 완벽하게 하려다 보면 물건을 하나 옮기는 수준으로는 성에 차지 않아 멀쩡한 제품을 버리고 가구 배치를 바꾸려 든다. 그러다 보면 이미 생각만으로 진이 빠져 아예 시작조차 하지 않는다. 그러니 완벽하려는 생각 자체를 바꿔야 한다.

어린이집에 다니는 첫째 딸, 신생아 둘째 딸을 키우는 전업주부 '어느덧오늘' 씨[3]도 정리를 완벽하게 하고 싶은 마음에 시작을 망설였다.

> "제가 결혼을 하고 가장 무서웠던 게 정리였어요. 어떻게 해야 할지 모르겠고, 모든 게 다 처음이잖아요. 회사에 다닐 때는 분명 잘하는 일이 있었어요. 근데 주부가 돼서 살림을 처음 하려고 보니까 신입사원이 된 기분인 거예요. 정리를 한다고 해도 계속 지저분해지니 점점 더 하기 싫어지더라고요. 그때 깨달았어요. '아, 내 기준이 너무 높구나!'"

잘하고자 하는 마음보다 중요한 건 당장 실행하고자 하는 마음이다. 아무리 잘하겠다고 마음을 먹어도 한 걸음조차 움직이지 않으면 그 마음이 다 무슨 소용이란 말인가. 그러니 정리에 대한 완벽한 기준 따위는 당장 버리도록 하자.

자신의 정리 기준이 너무 높다는 걸 알게 된 그녀는 그 뒤로 '내가 할 수 있는 만큼만 하자'로 마음을 바꿨다고 한다. 그러자 비로소 정리를 적극적으로 할 수 있게 되었고, 이제는 자신만의 살림을 보여주는 유튜브 채널 '어느덧오늘'까지 운영 중이다.

'내가 할 수 있는 것을 내가 할 수 있는 만큼만 하자'는 정리에 있어 정말 중요한 포인트다. 머릿속으로 완벽한 정리 계획을 짠 사람보다 지금 당장 설거지를 한 사람이 더 보람을 느끼며 잠자리에 들기 마련이다.

내가 지금 정리를 자꾸 미루고만 있다면, 섣불리 시작하지 못하고 있다면 정리의 기준점이 너무 높지는 않은지 생각해보자. 만약 그렇다면 그 기준을 '내가 할 수 있는 만큼'으로 바꾸어야 한다. 정리는 한번 하고 끝이 아니라 우리가 살아가는 동안 계속 이어지는 실천이라는 점을 기억하자. 내가 할 수 있는 만큼이어야 쭉 유지할 수 있다. 그게 꾸준한 정리의 시작이자 모든 것이다.

하루 딱 10분, 알람으로 시작하는 정리

늘 완벽하게 하려고 할 만큼 정리에 진심이 사람도 있지만 정리를 그다지 좋아하지 않거나 아예 관심을 가지지 않는 사람도 있다. 문제는 정리가 해도 되고, 안 해도 되는 일이 아니라는 것이다. 정리는 누구나 해야 하고, 하면 할수록 삶의 능률이 올라가기 때문에 하기 싫어도 어느 정도는 할 수밖에 없다. 그래서 정리의 필요성은 느끼지만 별로 하고 싶지 않을 때는 '뽀모도로 타이머'를 활용해보길 권한다.

원래 '뽀모도로 공부법'이라는 말로 더 유명한 이 개념은 내가 집중할 수 있는 시간만큼만 타이머를 맞춰두고 그 시간 동안 다른 생각은 일체 하지 않은 채 공부에만 집중하는 것을 말한다. 사람의 집중력은 생각보다 짧기 때문에 2시간 동안 공부하겠다는 계획은 지켜지기가 힘들다. 하지만 10분 타이머를 맞춰두고 10분 동안 오직 수학 문제만 푼다고 결심하면 단기간에 집중력이 향상되어 100퍼센트 힘을 쏟을 수 있다. 이렇게 계속 반복하며 집중력을 끌어올리는 방식이 뽀모도로 공부법이다.

정리에도 이 방식을 적용할 수 있다. 이 방법을 활용하면 부담스럽게 느껴지는 정리가 비교적 쉽고 편하게 느껴진다. 타이머가 울릴 때까지만 정리하면 끝이기 때문이다. 시간 내에 정리를 다 못했다 하더라도 다음날 다시 타이머를 맞추고 마저 하면 된다.

어쩌면 우리는 매번 정리를 '끝장 보려는' 마음으로 시작했기 때문에 부담스러웠던 게 아닐까? 누구나 대대적인 정리를 시작했다가 옛날 물건을 들여다보며 추억 여행에 빠져 도무지 끝날 기미가 안 보이는 정리를 한 기억이 있을 것이다. 정리를 한답시고 물건을 다 꺼내놓고선 도저히 엄두가 안 나 다시 후다닥 쑤셔넣기에만 급급해왔던 건 아닐까?

정리는 이사 같은 큰 이벤트처럼 특정한 날을 잡아서 하는 일이 아니다. 날마다 식사를 하고 양치를 하듯 일상적으로, 수시로 하는 생활 습관이다. 그래야 나를 둘러싼 공간이 끊임없이 정돈된다. 홈쇼핑에서 매긴 압박이라고 소비자를 압박하면 매출이 늘듯이, 사람은 정해진 시간이 끝나 가면 마음이 급해진다. 10분 타이머 정리법도 그런 면에서 효과가 있다. 10분이 거의 다 되어간다고 생각하면 저절로 속도가 높아지면서 정리의 효율도 덩달아 올라간다. 그렇게 습관처럼 매일 정리를 하다 보면 내 생활 공간을 항상 어느 정도 정돈된 상태로 유지할 수 있다.

쉬는 날 몰아서 하려고 하면 마음만 점점 버거워질 뿐이다. 한 번 정리를 하려고 할 때마다 큰맘을 먹어야 하고, 다 하고 나면 너무 많은 일을 한 탓에 지쳐버린다. 정리해야 할 물건들이 산더미처럼 쌓여 있었기 때문이다. 그렇게 '정리는 괴롭고 힘든 일'이라는 생각이 고정관념처럼 굳어지면 정리 습관 들이기는 슬며시 없던 일이 되고 만다. 그러니 매일 딱 10분만, 타이머와 함께 정리하는 시간을 루틴으로 넣어보자. 아무리 하기 싫은 일이라도 10분 정도면 '잠깐 하고 말지, 뭐' 하는 생각이 든다. 그 별것 아닌 10분이 '주말의 나'를 더욱더 편안하고 느긋하게 만들어줄 것이다.

정리는 타고나는 것도,
배워야 할 수 있는 것도 아니다

오늘날에는 1인 가구가 흔해지고 가족의 형태도 매우 다양해졌다. 하지만 1980~1990년대에는 이혼 가정이 지금처럼 많지 않았다. 그래서 그런 가정에서 지내는 아이들을 다소 삐딱한 시선으로 봤던 것도 사실이다. 한부모 가정에서 자랐으니 어딘가 부족하거나 엇나갈 거라는 편견이 존재하곤 했다.

학교 선생님들 중에도 그런 생각을 하는 분들이 종종 있었다. 그 시대에 학창 시절을 보냈던 나는 중학교 시절 국어 선생님으로부터 실제로 그런 이야기를 듣기도 했다. 한부모 가정의 학생이 쓴 글쓰기 과제를 채점하며 그동안 이혼 가정 아이에 대해 얼마나 잘못된 편견을 가지고 있었는지 깨달았다는 진심 가득한 고백이었다.

국어 선생님의 생각을 바꾼 학생의 글은 대략 이러했다. 그 학생은 이혼 가정을 향한 어른들의 시선이 어떤지 잘 알기 때문에 행동거지에 굉장히 신경을 쓴다고 이야기했다. 다른 아이들보다 인사도 더 잘하고, 몸가짐도 더 단정하게 하고, 공부도 더 열심히 하는 식으로 말이다. 그래서 자신은 잠재적 문제아가 아니라 오히려 모범생이라고, 그러니 이혼 가정의 아이들을 오해하지 말아달라고.

어떻게 보면 정리도 마찬가지다. 살림을 잘하는 부모 밑에서 자란 사람만이 정리 정돈을 잘하느냐 하면 결코 그렇지 않다. 오히려 그런 환경이 주어지지 않았기 때문에 정리에 눈을 뜬 사람도 있다. 50년 된 18평 구옥 주택에서 2남 1녀, 남편, 친정어머니와 함께 사는 이제 막 50대가 된 '개미도시' 씨[4]가 이와 비슷한 말을 했다.

"어릴 때 부모님이 이혼을 해서 누군가 정리를 하는 모습을 자주 못 봤어요. 어느 날 남의 집에 갔는데 주방 싱크대에 있는 수챗구멍이 너무 깨끗한 거예요. 그날 제가 충격을 많이 받았어요. 그래서 항상 수챗구멍을 깨끗하게 하는 편이에요."

개미도시 씨는 아버지의 폭력으로부터 어머니를 구하기 위해 어린 나이였음에도 어머니에게 집을 나가라고 권했다고 한다. 어머니의 부재를 고스란히 떠안은 개미도시 씨였지만 그녀는 동생들을 돌봐야 했던 장녀로서 세상의 편견에 맞서 더 당당하게 행동했다.

"남들이 '걔네들은 엄마, 아빠가 없어서 지저분할 거야' 이런 편견을 가질까 봐 더 인사도 많이 했고 더 깔끔하게 지내려고 노력을 많이 했어요."

어찌 보면 결핍이 모여 우리의 삶을 더 나은 방향으로 이끄는 것도 같다. 내게 무엇이 부족한지 안다면 그 부분을 조금이라도 채우기 위해 노력하고, 그 노력이 삶을 더 좋은 방향으로 이끌기 때문이다. 개미도시 씨의 삶이 그것을 증명한다. 그녀는 집에서 제대로 된 정리를 배울 수 없었지만 자신이 개선하면 좋을 점을 스스로 찾아냈고 그렇게 깔끔한 정리에 눈을 떴다.

물론 정갈하고 단정한 살림 솜씨를 보고 자라며 자연스럽게 정리법을 체득하여 야무지게 정리를 잘하는 사람도 있을 것이다. 그러나 그렇지 않더라도 언제 어디서든 자신이 보고 배운 것을 적용하려는 사람이라면 누구나 정리를 잘할 수 있다.

집이 너무 좁다고 해서 더 넓은 집으로 이사 가지 못하는 자신의 부족한 경제력만 탓할 것인가? 결핍을 인정하고, 내가 당장 시도할 수 있는 새로운 방법을 찾아보자. 이를테면 좁은 집을 더 넓게 쓰는 정리법이 무엇인지 알아보는 것이다. 조금이라도 더 넓은 생활 공간을 확보하기 위해 자잘한 쇼핑을 자연스레 멈출 수도 있다. 공간 확보는 공간 대비 물건의 양을 조절하는 게 핵심이지 않은가. 그렇게 지출을 줄여 돈을 모으다 보면 나중에 더 넓은 곳으로 이사도 갈 수 있게 된다.

정리를 해도 집이 지저분하다고 해서 당장 수천만 원이 드는 인테리어 공사를 할 수는 없는 법이다. 생활하는 집에서의 공사는 말처럼 쉽지 않고 인테리어 비용도 큰 부담이다. 이럴 때 돈과 시간은 물론 치우는 보람이 없다며 정리를 포기하고 사는 사람도 있지만 누구나 그런 선택을 하지는 않는다. 효율적인 동선을 고려해 가구 위치도 옮겨보고, 통일된 톤으로 물건을 배치하며 사는 사람도 있다. 시간과 돈이 부족하다고 해서 모두가 지저분하게 살지는 않는다.

인터넷에 조금만 검색을 해봐도 정리법에 관한 정보는 무수히 쏟아진다. 너무 많아서 뭘 골라야 할지 헷갈릴 정도다. 다만 '어떤 정리'를 할 것인지는 내가 스스로 선택해야 한다. 나의 부족한 재원은 무엇인지, 그럼에도 나는 어떤 결핍을 개선하고 싶은지를 제대로 파악하면 무수한 정리 정보들 중 나에게 쏙 필요한 방법을 잘 찾아낼 수 있다. 개미도시 씨처럼 냄새가 나지 않는, 누가 봐도 깔끔한 정리를 원한다면 청소에 중점을 두면 되듯이 말이다.

'나는 배운 적이 없어서 잘 몰라', '우리 집에선 제대로 된 정리를 한 적이 없어', '원래 이렇게 대충 치우고 사는 거 아니야?'라는 식의 생각은 위험하다. 지금 내가 있는 공간을 더욱더 어지럽게 만들고, 더 나아질 여지조차 없게 만들기 때문이다. '나도 깔끔하게 정리된 공간에서 살고 싶은데 어디서 정리를 배워야 할까?', '나에게 필요한 공간을 마련하고 싶은데 어떻게 해야 할까?' 등의 생각으로 바꾸어야 한다.

정리는 단순히 내 주위를 둘러싼 공간을 치우는 '행위'가 아니다. 정리는 좋지 않은 상황에서도 적극적으로 내 삶을 가꾸어 나가는 '태도'라고 생각한다. 지금 내 삶을 둘러보며 다음과 같은 질문을 던져보자. 나는 지금 어떤 태도를 가지고 살고 있는가?

영상으로 더 자세히 보기

1. 김진선 씨
전국살림자랑 ep.6

2. 시하마마 씨
전국살림자랑 ep.27

3. 어느덧오늘 씨
전국살림자랑 ep.34

4. 개미도시 씨
전국살림자랑 ep.10

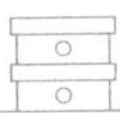

TV 뒤 공간 활용법

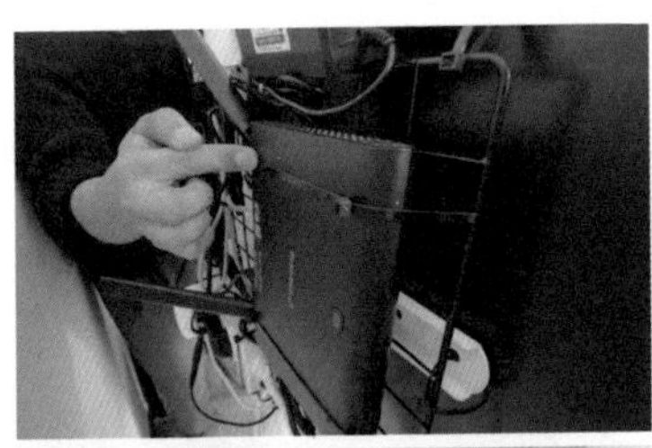

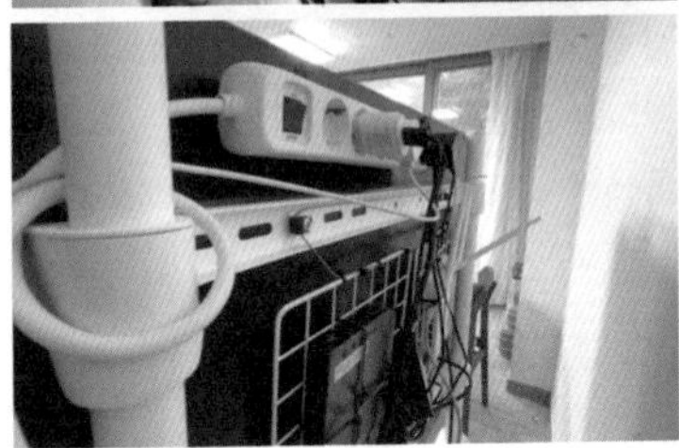

TV 뒤에 네트망을 걸어 전선을 정리하면 굉장히 깔끔해진다. 인터넷 공유기, TV 리모컨 등을 걸어두면 먼지가 쌓일 일도, 리모컨을 찾느라 스트레스 받을 일도 없다.

TV 위로 간단한 선반 달기

TV를 벽에 걸고 TV장을 없앴다면 TV 위에 간단한 선반을 설치해보자. 최소한의 공간에 스피커나 TV 리모컨, 인터넷 공유기 등을 정리할 수 있는 방법이다.

압축봉 활용하기 ①: 모서리 설치

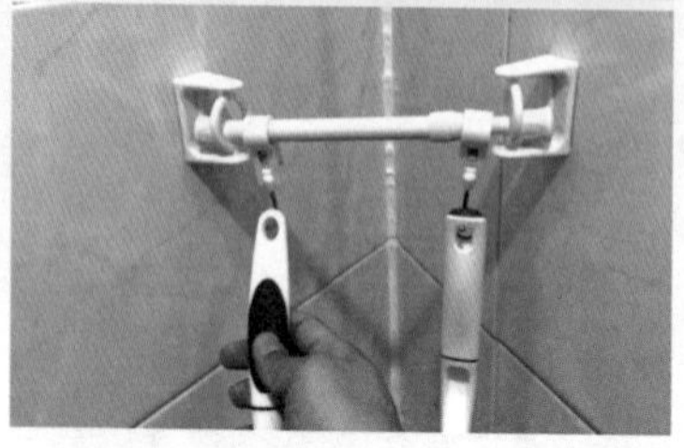

모서리 등 각진 공간에 압축봉을 설치하고 싶다면 거치가 가능한 제품을 이용해 보자. 화장실의 코너 공간에 압축봉을 끼우고 청소 도구를 걸어 사용하면 위생적인 정리가 가능하다.

압축봉 활용하기 ②: 선반 내 설치

압축봉을 위쪽이나 바깥에만 설치해야 한다는 고정관념을 버리자. 선반 내에 압축봉을 걸어 사용하면 수납력을 한층 더 높일 수 있다.

집게를 활용한 공중 부양

넘어지기 쉬운 제품들을 공중 부양하고 싶다면 고정 집게를 사용하면 좋다. 억지로 세울 필요 없이 꽂아주기만 하면 손쉽게 공중 부양이 가능하다.

아이 있는 집에 꼭 필요한 수건 공중 부양

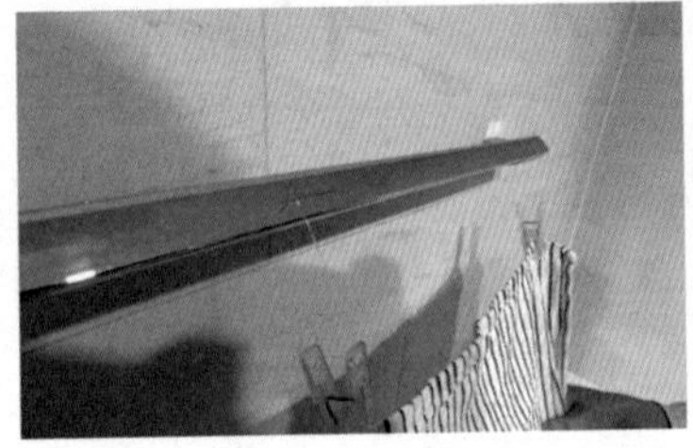

아이가 있는 집에서는 화장실 수건이 바닥에 떨어지기 일쑤다. 아이가 사용하기에 수건걸이가 너무 높아서인데, 이때 낚싯줄과 집게로 높이를 낮춰주면 아이들도 편하게 사용할 수 있다.

정리는 우울과 스트레스도 청소해준다

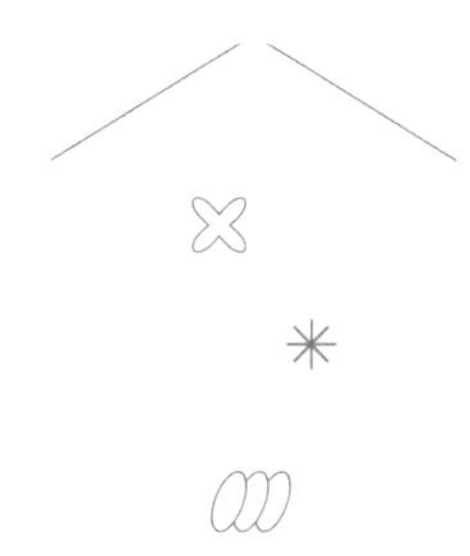

정리해야지, 생각하다가도 막상 시간이 나면 쉬고만 싶다. 무질서한 책꽂이에 십수 년도 더 된 서류 뭉치를 보기만 해도 '저걸 언제 다 정리하나, 그냥 나중에 날 잡고 하자' 싶어진다. 우리의 시선과 관심을 빼앗는 건 또 얼마나 많은지. SNS에 떠도는 핫한 쇼츠나 릴스도 그렇고, 내가 봐주길 기다리는 OTT 신작들도 셀 수 없이 많다. 보고 싶은 콘텐츠들을 다 보지도 못했는데 휴일은 늘 그렇듯 금세 가버린다. 그러니 정리에 쓸 시간이 어디 있단 말인가.

하지만 안타깝게도 사람의 시각은 쌓인 물건들에 예민하게 반응한다. 물건으로 이루어진 숲만 봐도 나도 모르게 스트레스가 쌓인다. 물것들을 정리해야 한다는 사실이 시각 정보로 너무 명확히 입력되는 탓이다. 그러니 그냥 눈을 감고 외면하며 안 보이는 척 지내는 수밖에. 그렇게 가만히 앉아 있는데도 정리를 생각하면서 스트레스를 받는다.

참 아이러니하게도 이런 스트레스는 정리를 해야 비로소 풀린다. 그동안 정리를 왜 안 했는지 이해가 안 갈 정도로 확실하게 풀린다. 그렇게 정리에 눈을 뜬 사람 중에는 더 이상 정리할 게 없어서 남의 집을 정리해주는 사람도 있다. 일종의 정리 중독 같은 거랄까.

살까 말까 망설여질 땐 사지 않는 게 맞지만, 할까 말까 고민될 땐 하는 게 맞다. 정리도 마찬가지다. 나중에 하지 말고 그냥 지금 하면 된다. 이사하는 수준으로 집을 들어내지 않아도 할 수 있다. 오늘은 책상 하나, 내일은 그 밑의 서랍 하나 이런 식으로 조금씩 꾸준히 하기만 하면 된다. 그러다 보면 어느 순간 느끼게 될 것이다. 정리를 해낸 스스로에 대한 성취감과 정돈된 공간을 보고 스트레스가 풀리는 개운함을 말이다.

무기력을 이기는 습관, 정리

좋다는 건 알지만 막상 하려고 하면 잘 안 되는 일들이 있다. 운동, 적게 먹기, 공부, 독서 등이 그렇다. 그리고 정리도 여기에 포함될 것 같다. 이것들의 공통점이 무엇인지 아는가? 바로 하기 전엔 정말 하기 싫지만, 막상 하고 나면 뿌듯하고 기분 좋아지는 일들이란 것이다. 사람에게 이로운 일들 대부분이 그렇다. 반면 해로운 일들은 시작과 동시에 빠져들지만 다 하고 나면 어딘지 모르게 허탈하고 찝찝하다. 장시간의 게임이나 릴스, 쇼츠 시청 같은 게 그렇다.

하지만 나에게 이로운 일이란 걸 알면서도 선불리 시작하기 어려울 때가 있다. 바로 마음이 무기력하고 우울할 때다. 이럴 땐 씻는 것도 힘들고, 몸을 일으켜 식사 준비를 하는 것도 버겁다. 그래서 지금 당장 하지 않아도 먹고사는 데 큰 지장이 없는 듯 보이는 정리는 우선순위 저편으로 밀려나버린다.

그러나 그렇게 미룬 정리가 다시 우리의 발목을 잡는다. 우울한 공간이 나를 더욱더 우울하게 만들기 때문이다. 두 아이를 키우는 4인 가족의 어머니인 50대 주부 문신원 씨[5]도 정리되지 않은 공간 때문에 우울했던 경험이 있다고 고백했다.

> "노후 주택에서 산 적이 있어요. 엄청 습하고 결로가 심한 집이었어요. 곰팡이가 계속 옮겨서 피더라고요. 그다음으로 이사 간 집도 마찬가지였어요. 3년 반을 산 월셋집이었는데, 청소를 해도 바로 곰팡이가 생기는 곳이었죠. 정리는커녕 그냥 버티면서 산 거예요. 그때 갱년기가 오기 시작했어요. 몸이 힘드니까 청소하는 게 버겁기도 하고, '닦으면 뭐해? 또 곰팡이가 생길 텐데.'라고 생각하며 방치했어요. 그러니까 무기력증이 오더라고요. 아무것도 하고 싶지 않고요."

굉장히 현실적인 고백이 아닐 수 없다. 몸이 힘들어서 정리를 안 했는데 그 바람에 공간이 방치되면서 더 안 좋은 기운을 받아 무기력이 배가 되어버렸다. 그야말로 악순환의 고리다. 이럴 땐 오히려 정리를 통해 그 고리를 끊어주어야만 악순환을 멈출 수 있다.

문신원 씨는 자신처럼 힘들어 하는 사람들에게 긍정적인 에너지를 주는 영상을 만들고 싶어졌다. 그렇게 하다 보면 자신의 정리 실력도 늘지 않을까 생각되었다고 한다. 그래서 참고할 만한 영상들을 보다가 정리를 시작했고 그 결과 무기력증이 사라졌다.

> "참고 영상을 보면서 저도 예쁘게 정리를 하고 싶어졌어요. 비슷비슷한 아파트지만 우리 집은 조금 달랐으면 했고, 그렇게 조금씩 고쳐나갔어요. 지금은 너무 행복하게 잘 지내고 있어요. 신기하게 무기력증도 없어졌어요."

사람마다 정리를 시작하는 계기는 다 다르지만 그게 어떤 계기든 내 몸을 일으켜 움직이는 순간을 만들어야 한다. 그렇게 무작정 정리를 시작하다 보면 나만의 노하우가 생기고 정리 습관도 길러진다. 그리고 그 과정에서 우울하고 무기력한 기분이 나도 모르게 나아진다. 지저분해진 공간을 볼 때마다 받았던 스트레스가 정리를 하면서 해소되기 때문이다. 여기에 '나도 할 수 있는 사람'이라는 성취감은 덤이다. 예전에는 아무것도 하지 않는 스스로가 싫었지만 이제는 내 손길이 닿은 곳마다 나아지는 걸 직접 눈으로 확인하니 기분이 좋아질 수밖에 없다. 그때부터는 정리를 하지 않으려고 해도 하고 싶은 마음이 절로 든다.

문신원 씨도 그랬다. 지금 살고 있는 집의 벽이 온통 하얀색인데 그녀는 청소하기가 번거로워서 오히려 더 좋다고 한다. 때나 먼지가 너무 잘 보여서 수시로 닦으니까 그 덕에 부지런해질 수밖에 없다고 말이다. 과거 곰팡이가 있던 집에서 갱년기를 보내며 무기력하게 지내던 주부였다고는 상상도 할 수 없을 정도로 긍정적인 모습이었다.

우울한 사람에게 "밖으로 나가라.", "뭐라도 해라."라는 식의 말은 또 다른 폭력이다. 그렇게 하지 못하는 자신이 더 답답한데 그 마음을 이해해주기는커녕 다그치기만 하는 건 아무 도움도 안 된다. 내가 하고 싶은 말은 그런 막무가내식의 조언이 아니다. 점점 망가지는 공간에 스스로를 방치해두지 않길 바라는 마음뿐이다.

정리라고 해서 집안을 대대적으로 휘젓지 않아도 된다. 이미 앞에서 말했듯 정리는 거창하고 엄청난 일이 아니다. 책상 위에 쌓인 쓰레기 하나를 쓰레기통에 집어넣는 것도 정리고, 바닥에 굴러다니는 양말을 빨래통에 넣는 것도 정리다.

정리 전문가 '까사마미' 씨[6]가 이런 말을 했다.

> "꽃을 하나 선물 받았어요. 그 꽃을 꽂기 위해 꽃병을 닦았어요. 근데 꽃병을 책상 위에 두려고 보니까 책상이 지저분해서 꽃병 놓을 자리가 없는 거예요. 그래서 책상을 치우려고 하니까 책상 위에 있는 것

들을 어디에 둬야 하잖아요. 서랍에 넣으려니 서랍도 지저분해요. 그래서 서랍을 정리했어요. 이제 책상도, 서랍도 깨끗해지고 책상 위에 꽃병도 있어요. 이렇게 깨끗해지는 게 너무 좋아서 방도 치우고 집도 치우는 거예요. 스테이크 전체를 한 덩어리째 먹는 사람은 없잖아요. 조각조각 썰어서 먹듯이 정리도 작게 잘라서 하나씩 하시면 됩니다."

우리는 계속 지저분해지는 공간에서 살아갈 수 없다. 나와 내 가족을 위해서 정리된 공간에 대한 필요를 누구나 느끼고 또 원한다. 그럴 때 정리의 첫 단추인 꽃병, 스테이크 한 조각, 이것만 생각하자. 현재의 무기력하고 우울한 상태에 집중하기보다 눈앞에 아무렇게나 놓인 물건들 중 딱 하나만 제자리에 두는 정리가 바로 그것이다.

정리와 행복 호르몬의 상관관계

'친구 따라 강남 간다'는 말이 있다. 원래는 그럴 마음이 없었는데 친구가 하니까 나도 따라 한다는 뜻으로, 주관 없는 사람을 일컫기도 하지만 사람은 누구나 가까운 사람의 영향을 잘 받는다는 점을 알려주는 말이기도 하다. '애들 앞에서는 찬물도 함부로 못 마신다'는 말도 똑같다. 이렇듯 우리말에는 주변 환경의 영향을 받는 사람에 대한 관용적인 표현이 은근히 많다.

내가 볼 땐 그 환경의 범주에 내가 살고 있는 '공간'도 포함되어야 한다. 사람이 날씨 하나에도 기분이 좌지우지되는데, 하물며 내가 먹고 자는 생활 공간에 영향을 받지 않을 수 있을까?

늘 암막커튼을 쳐놓아 어두컴컴한 집, 딱 침대 눕는 자리 빼고는 옷이 산처럼 쌓여 있는 집, 방바닥이 보이지 않을 정도로 물건이 널브러져 있어 발로 물건을 밀면서 걸어 다녀야 하는 집을 상상해보라. 환기도 제대로 되지 않아 숨 쉬기도 괴로울 것만 같은 기분이다. 이런 집에서 과연 기분 좋은 생활이 가능할까?

반면 햇살이 집 안 깊숙한 곳까지 들어와 환한 빛으로 가득한 집, 향긋한 커피와 빵 굽는 냄새가 고소하게 나는 집, 열어둔 창문으로 살랑대는 쾌적한 바람이 기분 좋게 불어오는 집, 모든 물건이 제자리에 놓여 있어 어디에 무엇이 있는지 한 번에 찾을 수 있는 집은 어떨까? 이런 집에서는 잠도 푹 잘 수 있고, 아침에 눈을 떠도 개운하지 않을까?

이건 단순히 환경의 비교만이 아니다. 전자의 어수선하고 지저분한 환경에서는 스트레스 호르몬인 코르티솔 수치가 높게 나타난다. 지저분한 집에서 살면 '나는 무기력하고 게으른 사람'이라는 느낌이 드는데, 이게 그냥 느낌만이 아니라 실제 우리 몸의 호르몬도 그렇게 반응을 한다는 것이다. 이때는 나도 모르게 먹는 행위로 스트레스를 풀고자 해서 건강이 악화되기도 한다. 반면 후자의 정리된 공간에서는 행복감을 느끼게 해주는 신경전달물질인 세로토닌이 분비된다. 내가 사는 공간을 내가 원하는 환경으로 만든 사람이 느끼는 즐거운 기분이다.

우리가 여행을 갔다고 해보자. 짐을 풀기 위해 숙소에 들어갔는데 그곳이 너무 쾌적하고 단정하면 왠지 잠만 자도 피로가 다 풀릴 것만 같은 느낌이 든다. 그때 세로토닌이 샘솟으면서 우리는 행복을 느낀다. 반대로 숙소의 컨디션이 청소도 제대로 안 된 지저분한 상태라면? 쓰레기통도 비워져 있지 않고 이상한 냄새도 나면서 침구류에 정체 모를 얼룩까지 있다면? 짜증이 솟구치면서 스트레스 호르몬인 코르티솔 수치가 높게 나타날 것이다.

물론 우리가 머무는 집은 돈을 내고 이용하는 여행지 숙소와는 다르다. 하지만 좋은 호텔을 갈 때마다 이 방의 풍경을 우리 집에 그대로 가져가고 싶다는 생각을 해보지 않았던가? 그만큼 우리는 정돈되고 깔끔한 공간을 본능적으로 원한다.

어수선하고 복잡한 곳을 볼 때마다 스트레스를 느낀다는 말은 반대로 그곳을 정리하면 스트레스가 해소될 수 있다는 뜻이다. 학창 시절의 시험 기간과 똑같다. 공부를 하면 스트레스를 안 받을 텐데, 공부를 안 하고 딴짓을 하고 있으니 '아, 공부해야 하는데….' 하면서 스트레스를 받지 않던가. 다행스러운 점은 우리는 우리가 지내는 공간을 직접 변화시킬 수 있다는 것이다.

쾌적한 공간에서 생활하고 싶다면, 지저분한 집 때문에 스트레스를 받는다면, 답은 간단하다. 그냥 정리를 하면 된다. 정리를 하는 동안 스트레스가 풀린다. 내가 문제를 해결하고 있기 때문이다. 필요 없는 물건을 비우고 흐트러진 물건들을 제자리에 두면 어지러운 마음도 정갈해진다. 내가 몸을 움직이며 정리를 하는 동안 아무것도 하지 않아 방전되었던 에너지도 점점 충전된다. 그리고 마침내 정리가 끝났을 때 말끔해진 공간을 보며 느끼는 뿌듯함은 이루 말할 수 없이 기쁘다. 해냈다는 성취감에 따른 스트레스 해소는 물론이고, 세로토닌 샤워를 받으며 행복한 기분이 충만해진다.

우리가 내 주위의 공간과 환경에 쉽게 영향을 받는 존재라는 걸 인정하자. 그리고 나를 위해 그 공간을 매일 작은 행복들을 느낄 수 있는 정갈한 곳으로 만들자. 정리는 우리의 호르몬까지 건강하게 변화시키는 마법 같은 도구다.

공간은 나의 마음 상태를 보여주는 거울이다

다소 극단적인 사례이기는 하지만 쓰레기로 가득한 집을 떠올려보자. 그런 곳은 집의 기능을 상실한 곳이라 할 수 있다. 집이란 모름지기 마음 편히 잠을 자고, 맛있는 음식을 먹고, 가족들과 즐거운 시간을 보내는 공간이지 않던가. 그런 소중한 공간이 불필요한 쓰레기들에 점거당해 발 디딜 틈이 없다.

그 공간의 주인은 어떤 상태일까? 마음이 아프고 일상생활이 제대로 되지 않으리라는 것쯤은 쉽게 상상할 수 있다. 도저히 자신의 몸과 마음을 돌볼 수 있는 상황이 아니다 보니 공간을 정돈할 에너지도, 의욕도 없어 그렇게 내버려두게 된 걸 테니까. 그런 방치의 시간이 길어질수록 집은 거대한 쓰레기통으로 변하고 만다.

정리마켓 채널에서 국가보훈부와 함께 순직 유공자 유가족의 집 정리를 도와준 적이 있다. 그분은 남편의 순직 이후 멈춰버린 시간 속에 갇혀 있었다. 밖으로 내보내는 물건은 없이 불안한 마음에 계속 사들이기만 한 물건들이 집 안에 거대한 산을 이루고 있었다. 사연자는 네 명의 아이들이 있었기에 어머니로서 힘을 내야 했지만, 큰 수술을 받아야 할 정도로 몸과 마음이 좋지 않았다. 그러니 집을 정리하고 돌본다는 건 애초에 불가능한 일이었다. 자신의 몸과 마음도 추스르지 못한 상태에서 다른 어떤 걸 할 수 있을까. 사연자의 집을 정리해준 정리 전문가 '까사마미' 씨[7]는 이렇게 말했다.

> "어느 순간에 짐이 보이지 않게 된 거죠. 익숙해지고 무력화된 거예요. 쌓인 짐들이 잘 보이지 않게 됐기 때문에 어디에 뭐가 있는지 신경도 못 써서 계속 중복된 제품도 사고요. 그러다 보니까 점점 더 쌓이는 짐들, 부족해지는 공간에 대해서 스트레스를 받는 거죠."

내가 일상생활을 제대로 해낼 수 없다면 나의 일상생활이 이루어지는 공간 역시 제 역할을 하지 못한다. 이럴 때는 도움의 손길이 필요하다. 혼자서 하지 못한 정리를 여러 사람이 함께 도와주면 된다.

점점 깔끔하게 정리되는 공간을 보면서 사연자는 비로소 미소를 지을 수 있었다. 자신이 머무는 공간이 깨끗해지는 모습을 직접 눈으로 확인하는 동안 마음도 서서히 나아졌기 때문일 것이다. 그만큼 나를 둘러싼 공간은 내 마음 상태와 동기화되어 있다고 봐야 한다.

사연자의 가족은 산뜻하게 정리된 공간에서 더 이상 짐 더미를 마주하지 않게 되었다. 대신 불필요한 물건들이 비워진 자리가 환하게 빛으로 채워지면서 가족들이 서로의 얼굴을 마주보고 많은 이야기를 나눌 수 있게 되었다. 이들은 앞으로 예전보다 더 밝아진 서로의 얼굴을 보는 일상으로 돌아갈 것이다. 이것이 바로 내가 생활하는 공간을 정리해야 하는 이유다.

정신이 없어서 방이 지저분한 걸까, 방이 지저분해서 정신이 덩달아 없는 걸까? 모든 것은 맞물려 있다. 복잡하고 정신없는 일상을 살고 싶은가? 정리를 하지 않으면 된다. 내 물건이 어디에 있는지 알고 싶지 않다면 정리와 담쌓고 지내면 된다. 필요한 물건을 찾느라 소중한 시간을 낭비하고 에너지를 쓰는 게 전혀 이상하지 않다면 정리에 조금도 신경을 쓰지 않고 살면 된다.

하지만 지금의 내 삶이 마음에 들지 않아 변화의 필요성을 느끼고 있다면 정리에 나서야 한다. 당장 내가 무엇을 해야 삶이 바뀔지 감이 오지 않는다면 일단 자리에서 일어나 정리부터 해보라. 공간이 점점 깔끔해지면서 복잡했던 마음의 실타래 역시 함께 풀리는 경험을 하게 될 것이다. 안개 낀 듯 답답하기만 했던 머릿속도 어느 순간 맑아지는 기분을 느낄 수 있다.

공간이 바뀌면 우리의 마음도 바뀐다. 내 마음을 돌보고 싶은가? 내 삶을 지금보다 좋게 만들고 싶은가? 내 마음 상태와 동기화되어 있는 내 생활 공간의 정리가 그 시작이다.

정리가 주는 소소하지만 확실한 행복

위험한 다이어트 약의 부작용을 다룬 시사 고발 프로그램을 본 적이 있다. 뼈가 다 드러날 정도로 마르고 싶어서 위험한 줄 알면서도 약을 끊지 못한다는 이들이 꽤 있었다. 그 이유가 무엇일까? 아마도 '즉각적인 결과를 얻고 싶어서'일 것이다.

생각해보면 인생은 언제나 원하는 결과를 바로바로 보여주지 않는다. 건강을 해치지 않는 정석 다이어트에도 상당한 시간이 걸리고, 원하는 대학에 진학하려면 몇 년의 시간을 들여 공부를 해야 한다. 직장에서의 승진도, 창업을 해서 성공을 거두는 일도 결코 하루아침에 이루어지지 않는다.

빨리 살을 빼고 싶고, 빨리 성공하고 싶고, 빨리 무언가를 이루고 싶은 '빨리빨리'의 민족에겐 답답한 노릇이지만 어쩔 수 없다. 모든 성취에는 시간이 걸린다. 하물며 그 시간을 인내하고 노력한다고 무조건 내가 원하는 만큼의 결과가 나오지도 않으니 더 답답한 노릇이다.

그러나 딱 하나, 정리만큼은 다르다. 내가 움직인 만큼의 결과가 즉각적으로, 말 그대로 바로바로 나온다. 설거지를 하면 싱크대가 깨끗해지고, 방바닥 걸레질을 하면 금세 먼지가 사라진다. 이 얼마나 명확하고 확실한 일인가.

사람이 언제 행복을 느끼는지 아는가? 그건 내 의지대로 무언가를 할 수 있을 때다. 내가 먹고 싶은 것을 먹고, 가고 싶은 곳에 가고, 하고 싶은 일을 하는 것. 여행이 즐겁고 행복한 이유는 이 때문이다. 내가 정한 일정에 따라 움직이고, 그 일정마저 내키지 않으면 안 지켜도 되는, 100퍼센트 나의 의지가 반영된 행위가 나만의 여행이다.

반면 불행에는 내 의지가 반영되지 않는다. 회사에서 내가 원하지 않는 시키는 일만 해야 할 때 무기력해지고, 남들 사는 대로 살아야 한다는 조언을 들을 때 맥이 풀린다. 그럼에도 우리 삶에는 우리 의지대로 할 수 있는 일이 분명 있다. 바로 내 몸을 움직이는 일인데, 영화 〈벌새〉에서 한문 선생님이 주인공 은희에게 전한 대사가 참 인상적이다.

> "은희야. 힘들고 우울할 땐 손가락을 봐. 그리고 한 손가락 한 손가락 움직여. 그럼 참 신비롭게 느껴진다. 아무것도 못할 것 같은데 손가락은 움직일 수 있어."

정말 그렇다. 내 뜻대로 흘러가지 않는 삶 속에서도 우리는 나만의 의지대로 손가락을 움직일 수 있고, 자리에서 일어날 수 있고, 나를 둘러싼 공간을 정리함으로써 나를 더 나은 곳에서 생활하도록 만들어줄 수 있다. “어차피 울 거라면 버스보단 벤츠 타고 우는 게 낫다.”는 우스갯소리가 있는데, 나는 이 말을 정리에 빗대서 하고 싶다.

“어차피 스트레스 받는 거 지저분하고 복잡한 집에서 받는 것보단 깔끔하고 정리된 집에서 받는 게 낫다.”

삶은 반복되고 계속된다. 어떤 날은 버틸 만하고, 또 어떤 날은 견디기 힘들다. 스트레스 없는 삶이란 존재하지 않는다. 그렇지만 어차피 호락호락하지 않은 삶이라면, 나라도 나에게 위안의 순간들을 자주 마련해줘야 하지 않을까? 나만은 나를 귀하게 대해야 하지 않을까?

나는 정리가 바로 그러한 일이라고 생각한다. 지금 당장 몸을 일으켜 내 공간을 정돈하면 나는 쾌적한 공간에서 지낼 수 있다. 깔끔하게 정리된 곳에서 잠들 수 있고, 다음날 아침에는 깨끗한 식탁에서 밥도 먹을 수 있다. 내가 좋아하는 향기가 나는 욕실에서 씻는 동안 스트레스를 풀 수도 있다. 결정적으로 이런 정리된 공간은 내 손길이 닿는 순간 즉각적으로 탄생한다.

이처럼 결괏값이 바로바로 나오는 정리는 우리에게 ‘자기통제감’을 선사한다. 다시 말해 아무리 안 좋은 상황에서도 내 마음대로 할 수 있는 게 있음을 확인시켜준다. 그것도 내 눈으로 직접 확인할 수 있게끔 말이다. 이 인풋 대비 명확한 아웃풋이 스트레스 지수를 크게 낮춰준다.

인간은 본능적으로 수많은 걱정을 하면서 살아간다. 이는 수렵, 채집, 사냥을 하던 시절부터 우리의 DNA에 각인된 감정인데, 최악의 상황을 가정해야 생존에 유리했기 때문이다. 지금은 그때와 같은 생존 불안은 거의 사라졌지만 인류가 워낙 빠른 속도로 변화를 겪었기에 불안과 걱정에 대한 습관은 여전히 우리의 본능 속에 남아 있다.

이런 걱정 습관이 주는 스트레스가 꽤 크다. 그래서 전문가들은 내가 지금 하고 있는 걱정들을 종이에 직접 적어보라고 한다. 머릿속으로만 걱정을 하면 굉장히 큰일처럼 느껴지는데, 막상 종이에 적고 보면 생각보다 별거 아닌 경우가 많기 때문이다. 걱정의 대부분은 내가 통제할 수 없는 일이기도 하고 말이다.

걱정을 종이에 적어 눈으로 확인함으로써 스트레스 지수를 낮추는 것처럼 정리도 스트레스 해소의 도구로 활용하면 정말 좋겠다. 내가 정리한 깔끔한 공간을 보는 것만으로도 기분이 풀린다. 복잡했던 마음도 지저분한 공간이 정리되듯이 나아진다. 정리를 안 해서 스트레스를 받을 시간에 날마다 조금이라도 정리를 해서 스트레스를 푸는 것이 언제나 더 나은 선택임을 기억하자.

감사를 전하며 물건을 떠나보내는 법

요즘에는 정리를 할 때 그냥 버리기 아까운 물건들을 중고 거래로 팔기도 한다. 내가 사는 동네에 저렴한 값에 판매를 하거나 나눔을 하는 것이다. 하지만 그럴 때마다 은근히 스트레스를 받기도 한다. 살 땐 비싸

세 수고 있는데 팔 때는 너무 헐값이 되어 속상하기도 하고, 거래 파기나 연락 두절 등 예상치 못한 일을 겪기도 하기 때문이다. 한때 나에게 즐거움을 줬지만 이제는 정리해야 하는 존재인데도 그냥 버리자니 아까운 생각이 들고 또 팔자니 그건 그것대로 또 스트레스라 이도 저도 못하는 경우가 많다.

그렇게 스트레스를 받자면 끝이 없다. 이럴 땐 다른 쪽으로 한번 생각해보자. "나에게 정리할 물건이 있다는 건 참 감사한 일이다."라고 말이다. 내가 가진 것 하나 없이 휑한 집에서 빈곤하고 썰렁하게 산다면 그 또한 스트레스가 아닐까? 나에게 필요 이상의 물건이 있다는 건, 정리하며 비워야 할 물건이 있다는 건, 그동안 부족함 없이 잘 살아왔다는 뜻이기도 하다. 오히려 그런 상황에 감사하는 마음을 먼저 갖는다면 정리를 하면서도 크게 스트레스를 받지 않을 수 있다.

전 세계에 미니멀리즘을 전파한 곤도 마리에는 물건을 비울 때마다 "그동안 고마웠어."라고 인사를 하며 보내주라고 말한다. 나에게 왔던 물건에게 진심을 담아 작별 인사를 하는 것이다. 지난날 그 물건을 사용하며 느꼈던 고마움을 잘 전하고 비우는 일종의 의식 행위인데, 이렇게 예의를 갖춰 물건을 비우면 스트레스 대신 긍정적인 감정을 느낄 수 있다. 정리할 때 가지면 좋을 마음가짐이 아닐 수 없다. 정리를 통해 느끼는 감사함은 크게 세 가지로 나뉜다.

첫째, 과거의 나에게 도움과 기쁨을 준 물건에 대한 감사함

둘째, 정리하는 과정에서 스트레스가 풀리고 복잡한 마음이 치유되는 데 따른 감사함

셋째, 정리 후 현재의 나에게 집중할 수 있게 해준 데 대한 감사함

정리가 가진 힘은 실로 무궁무진하다. 그중에서도 내가 나를 치유할 수 있다는 점은 실로 놀랍다. 위의 감사함을 느끼는 것만으로도 마음이 나아지니 말이다. 실제로 감사함을 느끼는 사람은 뇌세포도 젊게 변한다고 한다. 스트레스 지수가 낮아져 뇌세포 파괴가 현저히 줄어든 덕분이다.

정리는 나를 힘들게 하는, 나에게 스트레스를 주는 행위가 절대 아니다. 오히려 정리할 물건이 있다는 사실에 감사하며, 지금은 쓰지 않지만 과거의 나에게 도움을 주었던 물건과 웃으며 작별하며, 현재의 공간이 훨씬 더 개선될 수 있음에 즐거움을 느끼는 행위다. 결국 정리는 현재를 온전히 살아가도록 나 스스로를 치유하는 일이며, 더 행복한 삶으로 나아가도록 하는 일이다.

영상으로 더 자세히 보기

5. 문신원 씨
전국살림자랑 ep.8-1

6. 까사마미 씨
전국살림자랑 ep.18

7. 까사마미 씨
국가보훈부×정리마켓

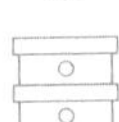

잃어버리기 쉬운 자잘한 물품은 문 앞에 놓기

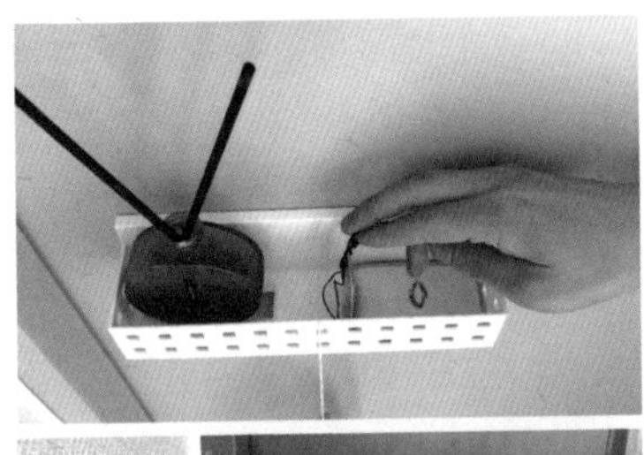

현관문에 자석형 선반을 달아 아파트 입주민 카드, 음식물 쓰레기 카드, 자동차 키 등 외출할 때 챙겨야 하는 필수품을 놓아두면 잊을 일이 없다.

신발장에 마련하는 외출 필수품 코너

선크림, 장바구니, 모자 등 나만의 외출 필수품을 신발장 한 코너에 넣어두면 현관에서 신발을 벗고 다시 들어가 챙기는 번거로움 없이 깔끔한 외출 준비를 마무리할 수 있다.

현관에서 모두 해결하는 택배 정리

현관문에 칼과 가위 등을 붙여두면 택배 상자를 바로 뜯을 수 있다. 현관에서 분리수거를 위한 종이상자 정리까지 한 번에 해결된다.

아이들을 위한 외출용 가방 비치하기

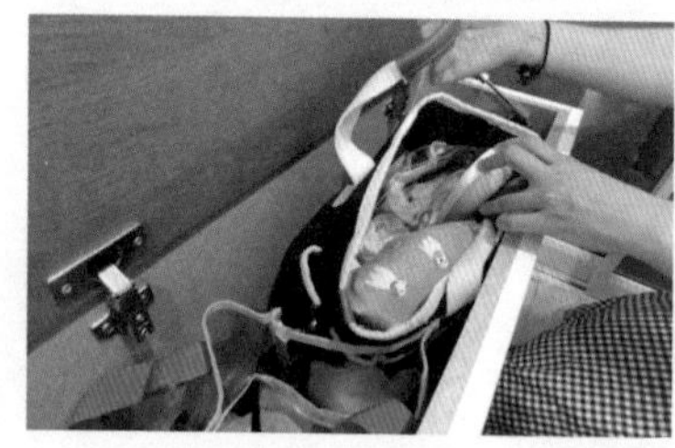

아이가 있는 집은 외출할 때마다 준비물이 많아 정신이 없다. 이럴 때는 현관 근처에 아이들 필수품을 넣어둔 외출용 가방을 비치해두면 바로 들고 나갈 수 있어 무척 편리하다.

깔끔함보다 중요한 사용 편의성

조리도구 등은 수납을 하면 더 깔끔할 수 있지만 사용할 때마다 불편을 느낀다면 아예 꺼내놓고 잘 활용하는 게 더 나은 정리다.

물과 컵과 약은 한 공간에 놓는다

물병을 넣어둔 냉장고 옆면, 정수기가 있는 주방 상부장, 정수기 바로 옆 간이 선반 등에 날마다 먹는 영양제를 비치해두면 잊지 않고 잘 챙겨 먹을 수 있는 동선이 만들어진다.

루틴에 따른 나만의 동선 만들기

기타를 치는 취미가 있는 분의 화장대 모습. 기타를 칠 때마다 머리를 묶고 손톱을 정리하는 루틴이 있어 머리끈과 손톱 파일을 같이 정리해두었다.

깔끔한 옷을 유지하는 간단한 방법

세탁기나 건조기에서 나온 옷에 붙은 먼지나 실밥을 바로바로 정리하려면 꽤 번거롭다. 이때 세탁실에 테이프 클리너를 두면 깔끔하게 마무리를 할 수 있다.

마음속
가난 콤플렉스 극복하기

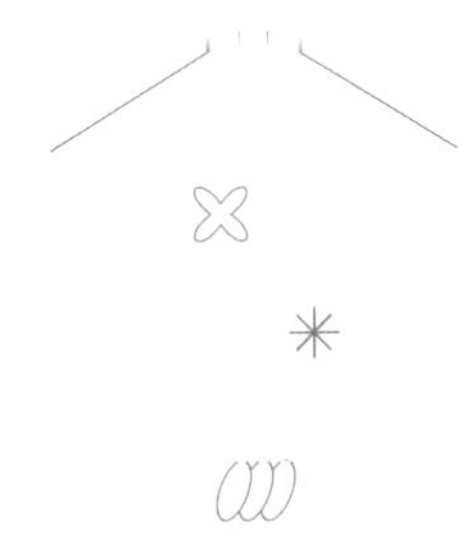

'정리하면 뭐해? 장판이 지저분해서 티도 안 나는데!'

'가구가 다 낡아서 닦아도 소용이 없는데 청소는 무슨?'

'남들은 다 좋은 집에서 예쁘게 꾸미고 사는데 나는 이게 뭐야?'

이런 생각을 해본 적이 있는가? 아무리 마음에 들지 않는 공간이라 해도 일단 나를 품어준 곳을 홀대하면 곤란하다. 내가 아껴주지 않는 공간 역시 나를 따뜻하게 맞아주지 않기 때문이다. 이러면 가뜩이나 싫은 집이 더 싫어질 수 있다.

나에게 돈이 충분히 많아서 내가 원하는 공간에 좋은 물건들을 두고 생활하면 정말 좋겠지만 사람은 본래 만족하지 못하는 동물이다. 현재의 공간에 만족하지 못하는 사람들은 지금보다 더 좋은 환경으로 이사를 가도 기어이 마음에 안 드는 점을 찾아내곤 한다. 경제적으로 얼마나 여유로운지와 상관없이 마음이 계속 빈곤한 상태에 머무르는 것이다.

반면 지금 지내는 공간이 다소 낡고 허름하더라도 감사하는 마음을 가지고 정리 정돈을 하고 살면 별로였던 공간도 점점 환하고 좋게 변해간다. 작고 초라한 집도 그곳에 사는 사람이 반질반질하게 쓸고 닦아주면 아늑하고 따뜻해지는 법이다.

온통 새것으로 이루어진 넓은 집이 삭막하고 썰렁하기만 공간이 될 수도, 낡고 좁은 집이 온기가 흐르는 아기자기한 공간이 될 수도 있다. 내가 어떤 마음으로 어떻게 정리를 하느냐에 따라 달라지는 것이다. 나는 어떤 공간에서 살고 싶은가? 그 선택은 오로지 나에게 달려 있다.

삶의 모든 비극은 비교에서 시작된다

사람은 언제 자신이 가난하다고 느낄까? 갖고 싶은 게 있는데 돈이 없어서 못 살 때? 하고 싶은 게 있는데 돈이 부족해서 못 할 때? 내 방을 가져본 적이 없었을 때? 집이 초라해서 친구를 집에 초대하지 못했을 때? 돈이 없어서 연애, 결혼, 출산 등을 포기했을 때?

그렇다면 이건 어떨까? 어느 동창은 부모님에게 20억 원을 물려받았다고 하는데 우리 부모님은 나에게 고작 5억 원만 주셨다면? 친구가 남편에게 에르메스 버킨백을 선물로 받았다고 하는데 내 남편은 고작 디올 스카프를 줬다면? 우리 아이와 같은 영어 유치원에 다니는 옆집 아이네 가족은 계절마다 해외여행을 가는데 우리 집은 겨우 1년에 한 번밖에 못 간다면? 과연 이런 것도 가난의 범주에 들어갈 수 있을까?

놀랍게도 그렇다. 전자의 사례들이 객관적인 의미의 가난 같지만 사람은 가난을 주관적으로 느끼기 때문이다. 그래서 '도둑맞은 가난'이라는 말도 있지 않은가? 상대적으로 가난을 생각하다 보니 정말 가난한 사람들이 가난을 말할 수 없는 현실 말이다. 사람들은 늘 자신이 경제적으로 부족하다고 느낀다. 주위의 나보다 잘 먹고 잘사는 사람들을 보며 끊임없이 비교한다. 친구네 집이 우리 집보다 더 비싸서, 나는 국산 차를 타는데 친구는 외제차를 타서 가난하다고 느낀다.

그렇다면 우리는 늘 이렇게 끊임없이 비교 속에 가난을 느끼면서 살아야 하는 걸까? 절대 그렇지 않다. 이 세상에는 우리 집보다 좋은 집이 훨씬 더 많지만, 그럼에도 우리 집을 사랑하고 만족하며 살 수 있는 방법이 있다.

이제 막 50대에 접어든 주부 '토깽이 아줌마' 씨[8]는 청소와 정리로 가난 콤플렉스를 극복할 수 있었다고 말한다.

"'어떻게 하면 더 넓은 집으로 가지 못했다는 콤플렉스를 지우고 살 수 있을까?'를 늘 고민했어요. 그러다 내가 사는 곳을 정리하기 시작했죠. 그랬더니 지금의 집이 작지만 굉장히 내실 있고 따뜻한 집이 됐어요. 어렸을 때 너무 가난했는데, 생각해보면 그 가난한 집의 환경을 조금이라도 나아지게 할 수 있는 게 청소와 정리였더라고요. 매번 마루에 비가 들이치는 집에 살면서도 그 습기 있는 마루를 매일 마른 걸레로 닦아냈어요. 흙먼지가 매번 올라와도 토방을 매일 쓸어내는 게 아홉 살 때부터 몸에 뱄어요. 저는 반지하에 살았을 때도 그 집을 정말 아끼고 사랑하면서 살았거든요. 그 철학이 아직까지 이어져서 지금도 정리를 중요하게 생각해요. 그렇게 콤플렉스를 지울 수 있었어요."

삶의 목표가 남보다 잘사는 것이 되어선 안 된다. 남보다 경제적으로 부족하다고 하더라도 그 사실을 콤플렉스로 느끼며 괴로워하는 시간을 줄여야 한다. 그건 내 인생을 사는 게 아니기 때문이다.

지금 내가 사는 공간, 우리 가족이 함께 지내는 공간을 어떻게 하면 더 좋게 만들 수 있을까 고민하고 실행하기에도 인생은 짧다. 나의 노력이 들어간 정리로 생활 공간이 개선되고 깨끗해질수록 삶의 만족도는 올라간다. 그렇게 오늘 하루 웃으며 잠자리에 들 수 있다면 아주 충만한 하루를 보내는 것이다. 그런 시간들이 쌓이고 쌓여 내 중심이 단단해지면 더 이상 남들이 뭘 먹고 사는지, 무엇을 자랑하며 사는지가 궁금해지지 않는다.

이렇듯 정리는 내 삶의 중심을 확실하게 잡아주는 역할을 한다. 내가 추구하는 라이프스타일을 고민하고, 그에 맞춰 내가 생활하는 공간에 집중해야 정리를 잘할 수 있기 때문이다. 정리는 내가 나에게 집중해야만 답을 알 수 있는 문제와 같다.

다른 사람들의 삶에 관심을 기울여봤자 득보다 실이 더 많다. 본능적으로 고개를 드는 '비교'라는 감정에서 벗어나지 못하면 우리의 소중한 시간과 감정이 불필요한 일에 소모되어버린다. 나만의 속도대로 나만의 삶을 살고 싶다고 백날 말해도, 타인의 삶에 관심을 기울이면 내 삶의 무게중심은 너무 쉽게 흔들리고 만다. 이때 백 마디 말보다 훨씬 더 강력한 행복을 가져다주는 것이 정리다. 내가 생활하는 공간을 아끼는 마음으로 매일 조금씩 정리하다 보면 잔잔한 행복을 느낄 수 있고 부정적인 감정의 파도가 밀려 오는 것을 막아준다.

이제부터 나보다 잘사는 사람들을 보며 비교하기를 멈추고, 몸을 움직여 정리를 시작해보자. 그러면 내가 머무는 공간이 더 좋아지고 더 나아지고 더 쾌적해진다. 토깽이 아줌마 씨의 고백처럼 가난 콤플렉스는 어느새 사라지고 말 것이다. 그리고 콤플렉스가 사라진 자리엔 만족스럽게 정리된 나만의 소중한 공간이 보일 것이다.

검소하지만 누추하지 않고 화려하지만 사치스럽지 않은 정리

나름 깔끔하게 정리를 한다고 했지만 못내 아쉬울 때가 있다. 온라인 어디에선가 본 이미지들은 정갈하면서도 세련된 분위기를 내뿜었는데, 어쩐지 내가 정리한 공간은 그저 평범하고 초라하게 느껴지는 것이다. 대체 차이가 뭘까? 값비싼 오브제가 없어서? 공간의 분위기를 결정하는 그윽한 조명이 없어서? 인테리어 콘셉트가 없어서? 아니다. 공간에 나만의 철학을 담지 않아서다.

'집안 정리하는 데 무슨 철학씩이나?' 하는 생각이 들지도 모르겠다. 하지만 그건 정리를 '물건 치우기' 정도로만 생각해서 그렇다. 제2장에서도 말했듯 우리가 머무는 공간은 나와 동기화되어 있다. 머릿속이 복잡한 사람은 자기 방의 책상 위나 침대 위가 똑같이 어지럽다. 회사에 있는 책상도 마찬가지다. 반면 집이 항상 깔끔하고 정갈한 사람은 정신없이 무언가를 빠트리고 다니는 일이 거의 없다.

그만큼 내가 생활하는 공간은 나와 긴밀하게 연결되어 있다. 정신없이 집에서 나온 날은 옷을 여기저기 던져놓고 나오지 않았던가? 반면 여유롭게 아침 식사까지 한 날은 설거지를 마치고 나오기도 한다. 남들에게 보여주지 않는 사적인 나의 생활 공간이 지금의 내 상태를 대변하는 것이다. 그러니 나의 손길로 정리하는 공간에 당연히 나의 철학이 담기지 않겠는가. 나만의 공간 철학에 대해 한 번도 생각해보지 않았다면 추천해주고 싶은 말이 하나 있다.

검이불루 화이불치儉而不陋 華而不侈

검소하지만 누추하지 않고 화려하지만 사치스럽지 않다는 뜻이다. 《삼국사기》를 쓴 김부식의 말로, 백제 시대부터 조선 시대에 이르기까지 우리 전통 건축의 아름다움을 상징하는 표현이기도 하다. 이 내용을 자신의 공간 정리 철학으로 삼은 사람이 있다. 자취 10년 경력을 자랑하는 30대 헤어디자이너 이종현 씨[9]다.

1인 가구인 종현 씨가 사는 35년 된 9평 구축 원룸 오피스텔에는 그가 좋아하는 수경 식물들이 가득하다. 그 식물들이 마치 숲속에 들어온 듯 싱그러운 분위기를 자아낸다. 식물들을 담은 화분은 예쁜 음료수 병, 화장품 병 등이다. 이런 걸 보고 누군가는 "그냥 예쁜 화분을 하나 사지." 하는 반응을 보일 수도 있지만 이건 종현 씨의 철학이자 취향이다. 검소하지만 누추하지 않다는 그의 기준에 부합하는 물건들인 것이다.

종현 씨는 또 금정조, 십자매 새들과 물고기를 키운다. 동물을 좋아하고 물소리를 좋아하는 그는 도시 한가운데에서 식물들에 둘러싸여 새소리와 물소리를 즐기는 호사를 누린다. 그러나 결코 사치스럽지 않은 호사이다.

"지금 내가 머물고 있는 공간이 좀 작고 좋지 않은 공간이라고 해도 거기서 버틴다고만 생각하지 않으면 좋겠어요. 그 대신 내가 좋아하는 것들을 하나하나 채워가다 보면 좋은 생각들을 많이 하게 됩니다. 지금 제가 살고 있는 집도 햇빛이 잘 안 들어와요. 그다지 좋지 않은 곳이었는데 식물도 많이 놓고 조명도 설치하고 좋아하는 공간으로 꾸미다 보니까 여기서 좋은 생각들, 긍정적인 생각들이 많이 나거든요. 나쁜 생각은 거의 안 들어요."

35년이나 된 9평 구축 원룸을 좋은 집이라고 말하기는 어려울 테다. 그러나 종현 씨는 자신이 머무는 공간의 단점을 찾아내며 부족한 부분을 곱씹는 대신 자신의 철학을 담은 공간으로 채워 나갔다. 그 결과 집에 있기만 해도 긍정적인 생각이 마구 샘솟는 단계에 이르렀다. '어떤 콘셉트의 인테리어인가?', '얼마나 비싸고 좋은 소품, 조명으로 집을 꾸몄는가?', '요즘 다들 쓰는 유행하는 제품인가?' 이런 질문들은 종현 씨 앞에서 모두 무의미해진다.

어떻게 정리를 할지 남들의 사례를 참고하기 전에 내 공간에 대한 철학을 먼저 고민해야 한다. 자기 기준 없이 그저 좋아 보이는 것들로만 채우다가는 이도 저도 아닌 공간이 되기 쉽다. 그러면 어떤 정리를 해도 만족하지 못한다.

철학을 세우려면 비교를 멈추고, 내 공간을 초라하게 느끼는 일부터 멈춰야 한다. 가난, 초라함 등은 다른 사람과의 비교에서 오는 상대적인 감정이다. 아무리 바닷물을 마셔도 갈증을 해소할 수 없는 것과 마찬가지다.

내가 일상을 보내는 공간을 사랑하지 않고서는 결코 그곳에서 행복해질 수 없다. 타인과의 비교로 혼자 괴로워하며 나의 소중한 시간을 소모시키지 말자. 내가 좋아하는 것이 무엇인지를 알고, 나만의 철학과 기준에 맞게 그것들을 나의 공간에 잘 끼워넣자. 그런 정리를 하면, 사랑하지 않으려 해도 사랑할 수밖에 없는 나만의 공간이 탄생할 것이다.

정리는 '넓이'의 문제가 아닌 '주도권'의 문제

돈의 속성은 '쓰기'가 핵심이다. 대부분의 사람이 '모으기'와 '불리기'에만 관심이 있어서 이에 중점을 둔 재테크 책들은 상당히 많은 반면, '쓰기'에 관한 책은 찾아보기가 어렵다. 사람들이 도통 관심을 두지 않기 때문이다.

'돈이 없어서 문제지, 많기만 해봐. 내가 얼마나 현명하게 잘 쓸 수 있는데?'

아마도 이런 생각을 하는 것 같다. 하지만 그렇지 않다. 돈을 잘 쓰는 일에도 연습과 훈련이 필요하다. 복권 당첨 등으로 갑자기 큰돈이 생겼는데 그 돈을 제대로 지키지 못한 사람들의 이야기가 잊을만 하면

들어오는 이유도 다 '쓰기'를 제대로 관리하지 못했기 때문이다.

정리도 이와 크게 다르지 않다. 정리를 못하는(혹은 안 하는) 이유는 집이 작아서이고, 집이 커지기만 하면 모든 문제가 해결될 거라고 생각하는 사람을 자주 만난다.

'좁은 집에서 암만 정리해봐라, 티가 나나! 넓은 집에서 살면 깔끔하게 정리하는 거 누가 못해? 나도 지금보다 넓은 데로 이사만 가면 얼마든지 잘할 수 있어!'

맘에 드는 넓은 곳으로 가기만 하면 정리가 저절로 될 거라는 생각은 착각이다. 정리는 습관이다. 이사를 간다고 해서 갑자기 번개를 맞고 없던 외국어 능력이 생기듯 정리 능력이 하늘에서 뚝 떨어지지는 않는다. 좋은 집에서 사는 사람도 정리를 하고 깔끔하게 지내려는 노력을 해야만 우리가 SNS에서 보는 그런 공간을 만들 수 있다. 즉, 집의 크기나 경제적 상황이 우리 집이 지저분한 문제의 근원은 아니라는 뜻이다.

작은 집에서 정리를 못하는 사람은 넓은 곳으로 가서도 헤맨다. 어디에 어떤 물건을 두는 게 최적의 정리인지, 어떻게 수납을 해야 가장 편리한지 평소에 해보지 않았는데 이사를 간다고 어떻게 금방 알 수 있을까? 그래서 지금 내 상황에 맞는 정리를 하는 일이 제일 중요하다. 현재의 퀘스트를 잘 해결해야 다음 스테이지에서도 이전의 노하우를 적용하며 미션을 수행할 수 있는 것처럼 말이다.

두 아이의 어머니이자 40대 주부인 '미니멀앙곰' 씨[10] 역시 실제로 더 넓은 집으로 이사를 갔는데도 정리가 안 되어 마음고생을 했다고 말했다.

"저희 집은 오래된 구축 빌라고 평수로는 18평 정도 되는 집인데, 여기서 가족 네 명이 살고 있어요. 전에 살던 집이 실평수 11평 정도였는데 더 넓은 집으로 왔는데도 좁고 답답하게 느껴지더라고요. 그러다 갑자기 산후 우울증이 왔어요. 그리고 얼마 안 돼서 코로나가 터졌고요. 아이들이랑 이 작은 집에서 아웅다웅하면서 정리를 하고, 다시 뒤돌아서도 또 정리를 하고, 계속 정리를 해도 끝이 없었죠. 과제를 제출했는데 또다시 과제가 나오는 그런 느낌을 받았어요. 집이 작고 좁아서라고 생각을 했는데 처음으로 '집에 비해서 물건이 많을 수도 있겠구나'라는 생각을 해봤던 것 같아요."

공간이 넓어진다고 해서 없던 정리 습관이 생기거나 정리력이 저절로 향상되지는 않는다. 정리를 잘하는 사람은 어느 공간에서나 정리를 잘할 뿐이다. 이사 초반에는 넓어진 공간에서 뭐든지 할 수 있을 것 같겠지만, 정리 습관이 없는 사람은 넓어진 공간도 얼마 안 가 비좁게 사용한다. 미니멀앙곰 씨가 예전 집에서 정리를 잘해왔다면 이사를 간 후 더 넓어진 공간을 적극적으로 활용할 수 있었을 것이다.

지금의 미니멀앙곰 씨는 정리력 만렙을 뽐낸다. 그야말로 정리의 달인이다. 이제는 대대적인 정리가 필요 없을 정도로 정갈하고 깔끔한 정리가 생활 습관으로 자리잡았다. 그래서 그녀의 집은 언제든 손님을 초대할 수 있을 정도로 쾌적하다. 이러한 변화가 예전 집보다 공간이 넓어져서 가능해진 걸까? 그렇지 않다. 넓이가 아닌 정리 습관이 공간의 효율성을 극대화시켰기 때문이다. 그녀는 정리를 하면서 그리고 정리된 깔끔한 공간에서 생활을 하면서 우울증도 극복할 수 있었다고 한다. 작은 공간이든 넓어진 공간이든 내가 머무는 공간을 내가 주도적으로 정리를 한 덕분이 아닐까 생각한다.

미니멀앙곰 씨는 이사 후 자신이 할 수 있는 선에서 계속 정리를 하다가 공간 대비 물건의 양이 많다는 사실을 깨닫고는 미니멀 라이프를 실천하기 시작했다. 뒤에서 더 얘기하겠지만 '정리'가 곧 '미니멀 라이프'를 의미하지는 않는다. 정리를 하며 미니멀 라이프를 실천할 수는 있지만 미니멀 라이프를 실천해야만 정리가 되는 것은 아니란 뜻이다. 미니멀앙곰 씨는 끝없는 정리를 멈추기 위해 미니멀 라이프라는 자신만의 방식을 선택했다.

좁고 답답한 공간에 끌려 다니며 탓하기만 해서는 아무 일도 일어나지 않는다. 좁으면 비우고, 답답하면 정리하고, 불필요하면 버리자. 정리 습관은 공간의 크기와 상관없이 내가 주도권을 쥐고 움직일 때 비로소 향상될 수 있다.

마음의 가난은 물건으로 채워질 수 없다

드라마를 볼 때면 이해가 가지 않는 장면들을 종종 마주친다. 반지하나 옥탑방에 사는 드라마 속 주인공들의 공간이 화면으로 볼 땐 그렇게 초라하지 않다는 것, 오히려 아늑하고 낭만 있어 보인다는 것, 주인공이 당장 차비도 없어 발을 동동 구르는데 매번 다른 새 옷을 입는 것 등이 그렇다. 물론 드라마니까 아늑하고 예뻐 보여야 하는 상황은 충분히 이해한다. 다만 가난하다는 설정인데 전혀 그래 보이지 않으니, 가난을 너무 소재로만 이용하는 건 아닌가 싶은 생각이 든다.

연예인들의 실제 사생활이 나오는 관찰 예능은 또 어떤가? 누구나 저렇게 좋은 집에서 사는 것처럼, 매일 비싸고 맛있는 음식을 먹는 일상이 모두에게 당연한 듯 묘사되곤 한다.

나는 이런 시각 정보들이 많은 사람에게 왜곡된 이미지를 심어준다고 생각한다. TV에 나온다고 해서 그게 보편적인 삶은 아닌데 마치 그게 기준인 듯 여겨지고, 내가 그 기준에 미치지 못하니까 가난하고 초라하다고 결론짓는 것 같다.

세끼 밥을 먹을 수 있고, 매달 월급이 나오는 직장이 있고, 매일 밤 안전하게 잠들 수 있는 방이 있는데도 자신이 너무 가난하다며 속상해한다. 연예인 가족이 놀러 간 해외 호텔에 가지 못해서, TV에서 자주 나오는 브랜드의 소파가 집에 없어서 가난을 느낀다. 그래서 내가 머무는 공간에 대한 애정이 사라지고, 애정이 있어야 할 수 있는 정리를 미루면서 긴장하지 못한 생각을 반복한다.

정리를 말하다가 가난에 대해 구구절절 설명하는 게 이상할지도 모르겠다. 하지만 깊은 관계가 있다. 마음이 가난하고 추운 사람은 정리를 하지 않기 때문이다. 그들은 마음의 가난이 정리로 해결될 문제가 아니라고 생각한다. 그러나 남들도 눈치 채지 못하는, 생존에 위협이 되지 않는 수준의 결핍 때문에 내 삶을 내실 있게 만들어줄 정리를 멀리하는 일은 그리 좋은 선택이 아니다.

내가 평생 잘 지내야 하는 사람은 다름 아닌 '나 자신'이다. 좋든 싫든 끝까지 함께해야 한다. 그러려면 나 스스로를 존중해주어야 하는데 가장 쉬우면서도 효과적인 방법이 바로 정리다. 내가 어떤 공간에서 생활했으면 좋겠는가? 지저분하고 정신없는 공간은 아닐 테다. 같은 공간이라도 더 아늑하고 따뜻하고 정돈된 곳이 더 좋지 않을까? 굳이 TV나 SNS 속 이미지에 휘둘리며 스스로를 가난하다고 느끼지 말자. 그렇게 부정적인 마음으로 자신의 공간을 정리하지 않는 사람이 되지 않기를 바란다. 나는 이 마음을 '가짜 가난'이라고 부른다.

다이어트를 한 번이라도 해본 사람이라면 다 알 것이다. 다이어트는 식욕과의 싸움이라는 것을. 특히 식욕 중에서도 '가짜 식욕'을 잘 흘려보내야 다이어트에 성공할 수 있는데, 정리도 이와 똑같다. 가짜 가난 때문에 맘 상해가면서 속상해할 시간에 내가 사는 공간을 정리하는 게 더 이득이다. 내가 나를 귀하게 여기는 그 행동이 진짜 가난도 멀리 달아나도록 해준다. 정리를 하면 할수록 불필요한 물건이 무엇인지 구분할 수 있고, 내 공간에 들이지 않아도 될 물건을 쉽게 알 수 있으며 그렇게 무턱대고 무언가를 사는 행동을 멈출 수 있기 때문이다.

가짜 가난은 자꾸만 무언가를 사게끔 우리를 부추기지만 정리를 통해 가짜 가난을 인지하면 그 부추김에 쉽게 넘어가지 않을 수 있다. '이것만 있으면 더 나아질 거야' 같은 생각은 착각이며, 그런 물건을 들이면 들일수록 정리만 더 복잡해진다는 걸 알기 때문이다. 결국 정리는 우리의 삶을 가짜 가난에서 벗어나게 하고 진짜 가난과 거리를 두게 해주는 중요한 첫 단추라고 할 수 있다.

내가 공간을 아껴줄수록
공간도 나를 환대해준다

앞서 나를 존중하는 행위가 바로 정리라고 말한 바 있다. 이 개념을 조금 더 확장시키면 우리 집을 정리하는 행위는 곧 가족 구성원 모두를 존중하고 사랑하는 마음의 표현이라는 뜻이 된다. 그 마음은 돈의 많고 적음과 상관없다. 그 마음이 가족 구성원 모두에게 제대로 전달되기만 한다면 집은 언제나 빨리 돌아가고 싶은 곳으로 변한다.

10대 자녀 두 명을 키우는 40대 맞벌이 워킹맘 조희원 씨[11]가 집을 정리하는 이유도 이와 같았다.

"저희 아이들은 중학생이지만 학원에 다니지 않거든요. 제일 먼저 집에 오는 사람이 아이들인데, 저는 아이들이 집에 왔을 때 정리된 공간에서 환영받는다는 느낌으로 들어왔으면 좋겠어요. 그래서 아침에 청소를 하고 출근해요. 제가 일을 하러 나갔다가 어떤 불의의 사고로 집에 못 돌아오거나 그럴 수 있잖아요. 그때 누군가가 저의 짐 때문에 힘들어하지도 않았으면 좋겠고요. '죽을 때 남길 건 돈과 명예밖에 없다'고 늘 얘기해요. 물건을 남기는 건 아니다. 그런 마음으로 정리를 하고 있습니다."

조희원 씨는 우리를 반겨주는 대상은 물건이 아니라 '공간'이라는 자신만의 철학이 확고했다. 그래서 집안 정리만큼은 숨을 쉬고 잠을 자듯 일상적으로 한다. 출근을 하느라 피곤한 날도 많지만 그녀가 꾸준히 정리를 할 수 있는 이유는 가족이 매일 환영받는 느낌으로 집에 들어왔으면 하는, 가족을 향한 '존중'의 마음이 있었기 때문이었다.

밖에서 할 일을 모두 마치고 집에 왔는데 개수대에 설거지가 쌓여 있고, 쓰레기는 여기저기 널려 있고, 빨아야 할 옷들이 수북한 풍경을 마주하는 건 나도 기분 좋지 않은 일이다. 반대로 은은하게 좋은 향기가 나는, 깔끔하게 정돈된 집에 발을 들여놓으면 나를 반겨주는 듯한 기분이 절로 든다. 이런 기분을 가족 모두가 느꼈으면 하는 마음에 정리를 한다는 희원 씨의 마음이 참 감동적이다. 혼자 사는 1인 가구라 하더라도 내가 나에게 이런 마음을 가진다면 저절로 일상적인 정리가 가능해질 것이다.

많은 사람이 집이라는 생활 공간을 너무 시각적으로만 떠올리다 보니 신축 아파트가 아닌 오래된 빌라나 주택 등을 좋지 않은 집으로 치부하곤 한다. 그러나 공간의 규모나 금액을 따지기 전에 그 공간에 살고 있는 사람의 마음이 어떤지를 살피는 게 더 중요하다.

대궐같이 좋은 집에서 살아도 숨 쉬는 것조차 힘든 가족이 있고, 반지하에서 살아도 서로를 위하며 멋지게 사는 가족이 있다. 모델 출신 배우인 이성경 씨는 유년 시절 집안 사정이 기울면서 판자촌 생활을 했고, 7~8평의 임대 아파트에서 고등학교를 졸업할 때까지 살았다고 한다. 하지만 그 시간 동안 가족들이 똘똘 뭉쳐 지냈기에 지금의 자신이 있는 것이라고 한 방송에 출연해 말한 적이 있다. 어디에 사느냐보다 어떤 마음으로 사느냐가 훨씬 더 중요하다는 사실을 잘 보여주는 에피소드라고 생각한다.

지금 당장 좋은 집으로 이사를 가려면 시간이 많이 걸리지만 정리는 언제고 바로 시작할 수 있는 일이다. 바로 할 수 있는 일을 하며 변화를 도모해야지 환경 탓만 하며 아무것도 안 하는 건 그 누구에게도 도움이 되지 않는다.

내가 조금이라도 더 깔끔한 곳에서 생활하길 바라는가? 나와 내 가족이 집에 들어설 때마다 반갑게 맞아주는 느낌이 들었으면 하는가? 그렇다면 정리를 하자. 사람을 환대해주는 공간으로 만드는 것, 그것이 바로 정리다.

영상으로 더 자세히 보기

8. 토깽이 아줌마 씨
전국살림자랑 ep.1

9. 이종현 씨
전국살림자랑 ep.21

10. 미니멀앙곰 씨
전국살림자랑 ep.29

11. 조희원 씨
전국살림자랑 ep.24

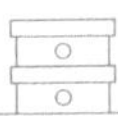

사소하지만 삶의 질을 높여주는 정리 꿀팁

작은 고리가 가져오는 큰 변화

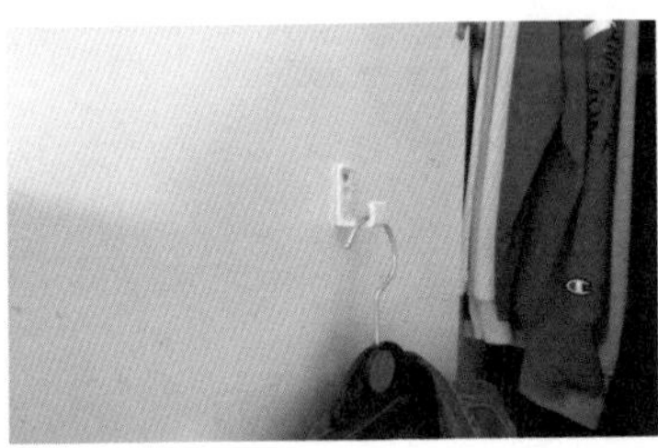

옷장 문 안쪽에 고리를 하나 붙여주면 옷 정리가 놀라울 정도로 쉬워진다. 옷장에 옷을 넣기 전 단추를 채우거나 옷깃을 매만지는 데 편리한 동선이 만들어진다.

책꽂이 한 칸은 빌려온 책을 위한 공간으로

책꽂이 한 칸, 책상 한쪽에 도서관에서 빌려온 책들을 위한 공간을 마련해보자. 내 책과 섞일 일도 없고, 반납하는 날을 기억하기에도 좋다.

우리 가족 식재료 지도 만들기

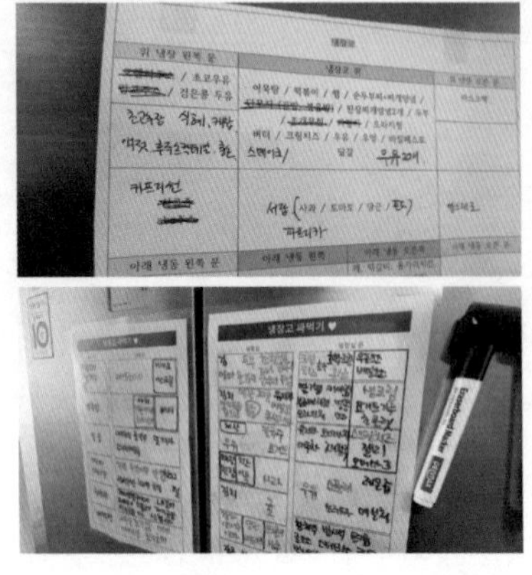

냉장고에 어떤 식재료와 음식이 있는지 냉장고 지도를 써서 붙여두면 가족들과 함께 식단을 짜기 좋다. 또한 어떤 식재료가 있는지 파악하기가 쉬워 유통기한이 지나 버리는 일이 거의 없다.

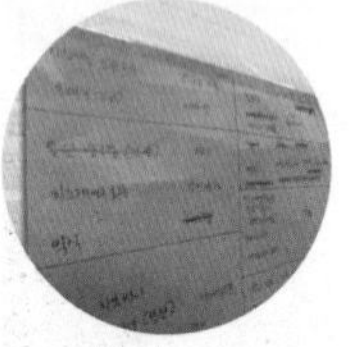

추억은 모두가 공유할 수 있는 사진첩으로

휴대전화 사진첩 속에 있는 가족들의 사진들을 1~2년에 한 번씩 출력하면 휴대전화도 최적화되고, 가족들도 사진을 언제든 볼 수 있어 좋다.

헷갈리는 여분 단추 정리법

새 옷에 함께 딸려오는 여분 단추는 새 옷의 태그와 함께 보관하면 어떤 옷의 단추인지 금방 알아볼 수 있다.

비움이 어려운 사람을 위한 수거 업체 활용법

비울 옷과 신발 등을 일일이 파는 시간이 아깝다면 수거 업체를 이용해보자. 스무 벌 이상 모으면 수거해주고, 업체에서 책정한 금액을 돈으로 받을 수 있다.

나만의 작은 힐링 공간 만들기

내 시선과 손이 자주 닿는 공간에 내가 좋아하는 물건(가족사진이나 인생 책 등)을 두고 자주 들여다보면 작지만 알찬 나만의 힐링 공간이 탄생한다. 이런 정리는 우리의 삶에 기분 좋은 여유를 선사한다.

정리 습관 4

미니멀리즘,
적게 갖고 최소한으로 정리한다

"미라인이시군요?"

여유 공간이 넘쳐나는 주방 상부장, 신발이 너무 적어서 수납 창고처럼 사용하는 신발장, 온 가족의 사계절 옷이 들어가고도 공간이 남는 옷장 사진 등에 심심치 않게 달리는 댓글이다. 여기서 말하는 '미라인'이란 '미니멀 라이프를 실천 중인 사람'을 뜻한다.

미니멀 라이프라고 하면 갖고 있는 물건들을 전부 내다 버리고 수도승처럼 사는 사람의 이미지를 떠올릴지도 모르겠다. 하지만 잘못된 이미지인 것이, 물건을 극도로 적게 소유한 사람도 미라인이지만 나에게 더 이상 필요하지 않은 물건을 적당히 비우는 사람도 미니멀리스트라 할 수 있다.

간혹 물건을 전혀 비우지 않고 잘 쌓아놓기만 한 뒤 정리했다고 말하는 사람들을 만나곤 하는데 사실 그건 정리라고 하기 힘들다. 옷장 속 여기저기 마구잡이로 넣은 옷들을 차곡차곡 개켜서 예쁘게 쌓는 것은 정리가 아니라 그저 물건의 위치를 바꾼 것일 뿐이다. 처음에는 보기 좋겠지만, 그러한 위치 변경은 얼마 못 가 다시 예전 모습 그대로 돌아갈 확률이 99퍼센트다. 이미 옷이 짐짝처럼 쌓여 있었다는 건 내가 감당할 수 있는 범위를 넘어선 양이라는 뜻이기 때문이다. 그래서 이런 사람들은 정리를 할수록 지친다. 이렇게 정리하고 저렇게 정리해도 공간에 별 변화가 없다고 느낀다. 다시 한 번 말하지만 그건 정리가 아니라서 그렇다. 물건의 양을 줄이지 않는 이동 및 재배치는 근본적인 정리라고 말할 수 없다.

미니멀 라이프를 선택한 사람들은 다양한 이유에서 미니멀리즘을 실천한다. 지구에 조금이라도 도움이 되었으면 하는 마음에서, 물건을 사는 소비보다 다양한 경험에 소비를 하고 싶어서, 더 이상 물건의 노예가 되고 싶지 않아서, 아무리 물건을 사도 마음이 충만한 기쁨을 느낄 수 없어서 등등.

나는 그중에서도 정리를 위해 미니멀 라이프를 선택한 사람들의 이야기를 하고자 한다. 물건을 정리하다가 지치고 싶지 않아서 최대한 정리를 적게 하고자 물건을 비우는 미니멀 라이프 말이다. 최소한의 정리만 하고 싶다면 미라인이 되는 것도 꽤 괜찮은 방법이다.

귀차니스트를 위한 최고의 정리법, 미니멀 라이프

게으른 사람은 지저분할 거란 생각, 게으른 사람이 사는 집은 정리와 거리가 멀 거란 생각은 편견에 가깝다. 게으른 사람도 얼마든지 자신의 공간을 단정하고 정갈하게 꾸미면서 살 수 있다.

어떻게 그게 가능할까? 청소가 귀찮으니 최소한의 정리만 해도 유지가 되게끔 '시스템'을 갖추면 된다. TV 채널을 바꾸기 귀찮았던 사람이 리모컨을 발명하게 하고, 밥 먹는 것도 귀찮았던 어느 백작이 샌드위치를 만든 일화도 있지 않은가? 게으름이 무조건 나태함으로 연결되지는 않는다. 오히려 자신의 게으름을 잘 알기에 그 특징을 활용해서 기발한 아이디어들을 생각해내는 경우도 많다. 그리고 그런 아이디어는 정리에서도 빛을 발한다. 아이 없이 남편과 둘이 사는 40대 주부 김태윤 씨[12]가 그런 경우였다.

> "제가 굉장히 게으릅니다. 하지만 집은 항상 깔끔한 걸 원하거든요. 저처럼 부지런함을 타고나지 못한 사람들은 살림 자체가 스트레스에요. 요만큼 노력을 했는데 이만큼 효과가 나타나지 않으면 계속

뭔가를 할 의지가 생기지 않아요. 이럴 땐 청소보다 정리 효과가 훨씬 큽니다. 그중에서도 물건이나 가구의 위치를 바꾼다거나 용도를 달리 사용하면 작은 변화로도 정리가 되어 보이기도 하거든요."

태윤 씨가 정리를 하는 이유는 손쉽게 청소를 하기 위해서였다. 바닥에 뭔가가 많으면 청소 자체가 귀찮고 힘든 법이다. 그래서 그녀는 쉬운 청소를 위해 정리를 하고 그 정리가 최소한으로 이뤄질 수 있도록 물건을 많이 들이지 않으며 가급적 가지고 있는 것들을 활용하는 방식으로 지내고 있었다. 일부러 의도하진 않았지만 자신도 모르게 미라인이 된 것이다.

그래서 태윤 씨의 집에는 이런저런 물건들이 많지 않다. 특히 필요한 무언가가 있어도 그걸 곧바로 사는 대신 집에 있는 자원을 최대한 활용한 예를 들면 이런 식이다.

- 세탁소 옷걸이를 구부리고 케이블 타이로 고정해 실온 채소 보관통으로 사용한다.
- 화장실 거울장 속에 넣을 수납함을 사지 않고 다 먹은 유산균 통을 재활용한다.
- 이불장을 구입하는 대신 전혀 사용하지 않는 안방 화장대 위를 이불장으로 사용한다.
- 나무 옷걸이에 수납 바구니를 글루건으로 붙여서 드라이기 거치대

를 만든다.

- 더 이상 사용하지 않는 키 큰 전자레인지장을 옆으로 눕혀서 낮은 수납장으로 사용한다.

'게으르다면서 귀찮게 이런 걸 왜 만들고 그래? 그냥 사는 게 더 편하고 낫지!' 싶은가? 그렇지 않다. 게으른 사람은 무언가를 사는 것도 귀찮아한다! 아무거나 사는 건 또 싫기 때문이다. 적정한 가격은 물론이고 내 마음에 쏙 들면서도 우리 집에 어울리는 것, 만듦새도 괜찮으면서 내구성도 좋은 제품을 찾기란 상당한 시간과 품이 드는 일이다. 그러니 태윤 씨처럼 그냥 집에 있는 물건들로 만드는 게 더 간단하면서도 우리 집에 딱 맞는다.

게다가 집에 새로 들이는 물건이 없으니 내가 가진 짐의 규모가 늘지 않는다. 정리할 물건이 항상 제자리인 셈이다. 또한 기존 물건을 망가질 때까지 쓰다 보니 미니멀 라이프가 자연스럽게 이루어진다. 무엇보다 새로운 물건을 사는 데 돈을 쓰지 않아 지출도 줄어드니 그야말로 게으른 사람에게는 이런 장점 많은 미니멀 라이프 정리가 최고라고 할 수 있다.

내가 가진 물건이 많다는 건 그만큼 관리해야 하는 것들도 많다는 뜻이다. 게으른 사람이 물욕까지 많다면 그 뒤처리는 누구의 몫이 될까? 혼자 산다면 점점 좁아지는 집 때문에 본인이 괴롭고, 함께 사는 가족이 있다면 그 가족이 스트레스를 받는다.

그러니 가슴에 손을 얹고 스스로가 게으르다고 생각된다면 무턱대고 무언가를 사면서 물건 늘리는 일을 멈추자. 더 이상 쓰지 않는 물건은 최대한 비우고, 다른 용도로 활용할 수 있는 물건은 다른 방식으로 재사용하자. 물건의 수명이 다할 때까지 쓴다면 그게 곧 게으른 사람에게 딱인 미니멀 라이프가 될 것이다. 생활이 편해지고 공간은 쾌적해지며 정리 스트레스도 쌓이지 않는 그런 삶은 결코 어렵지 않다.

정리를 하지 않기 위해 물건을 줄인다

한때 미니멀 라이프와 관련해 공간의 값어치가 언급되던 적도 있었다. 《부자가 되는 정리의 힘》의 저자이자 정리 컨설턴트인 윤선현 씨는 "우리 집에서 제일 비싼 게 바로 공간"이라고 말한 바 있다. 가격으로 치면 우리가 살고 있는 집이 가장 비싼데 그 공간에 쓰지도 않는 물건을 쌓아두는 게 얼마나 낭비냐는 뜻이다.

맞는 말이다. 안 그래도 집값이 너무 비싸서 헉 소리가 절로 나는데, 그 비싼 공간을 제대로 활용도 못하고 있으니 이 얼마나 아까운 일인가. 내가 공간을 좁게 사용하는 이유는 진짜 집이 좁아서라기보다 안 쓰는 물건들에게 공간을 빼앗겼기 때문이다. 그 물건들이 나에게 월세를 내지도 않은데 언제까지 나의 공간을 무상으로 내주어야 할까? 오히려 그 물건들을 사느라 경제적으로 부담스럽기만 할 뿐이다.

또한 내 공간을 뻔뻔하게 점유한 물건들을 정리해야 한다는 스트레스도 받는다. 주말이나 연휴 등 쉬는 날이 되면 정리를 하려고 마음을 먹지만, 사실 그 귀한 시간에는 정리 말고도 할 일이 태산이다. 지금까지의 상황을 한 줄로 정리해면, 그 물건을 사기 위해 검색하느라 내 소중한 시간을 쓰고, 결제하느라 내 귀한 돈도 쓰고, 나중에는 정리하느라 스트레스를 받아가며 내 수고로운 에너지까지 써야 하는 것이다. 그러니 미니멀 라이프가 매력적으로 다가올 수밖에 없다.

미니멀 라이프는 그런 모든 과정을 깔끔하게 삭제해주고 결과적으로 가장 값비싼 자산인 '공간'을 나에게 되찾아주는 일이다. 어디 그뿐인가? 그런 물건들을 더 이상 정리하지 않아도 된다는 해방감마저 안겨준다. 생각해보라. 청소를 하려면 물건부터 치워야 한다. 바닥에 놓인 물건을 어딘가로 옮겨야 바닥을 닦을 수 있다. 선반 위에 쌓인 먼지를 닦으려면 선반 위에 놓인 물건들도 치워야 한다. 물건이 많으면 많을수록 정리와 청소는 하기 싫은 일이 되어버린다. 당연히 관리하지 못한 물건들이 계속 쌓일수록 집은 점점 쾌적함과 멀어진다.

정리를 줄이기 위해 물건을 줄이는 미니멀 라이프는 깨끗하게 살고 싶지만 피곤할 정도로 정리와 청소를 하고 싶지 않은 이들에게 최고의 선택이다. 물건이 적으니 정리할 일도 줄고, 정리할 곳이 별로 없으니 청소는 언제든 할 수 있는 손쉬운 일이 된다.

미니멀 라이프는 내가 편안하게 숨 쉬며 살고 싶은 적극적인 마음에서 비롯된 행동이다. 가뜩이나 부족한 시간을 사수하고, 나를 위해 사용한 내 공간을 사수하며, 그렇게 생긴 시간과 공간을 나와 내 가족에게 온전히 쓰고 싶은 마음에서 비롯된 행동 말이다. 그러한 적극적인 마음이야말로 내가 사는 공간을 정갈하고, 단정하고, 깔끔하게 만드는 힘이다.

이가 없으면 잇몸으로, 물건을 위한 물건은 사지 않는다

물건을 비워 정리하는 일이 크게 줄어들고, 좁게만 느껴졌던 공간에 여유가 생기면 그 이후에는 무언가를 함부로 사는 일이 급격히 줄어든다. 다시 복잡한 예전으로 돌아가고 싶지 않기 때문이다.

그래도 살다 보면 한 번씩 꼭 필요한 물건들이 생기기 마련이다. 그런데 그 물건이 지금 잠깐 필요할 뿐, 계속해서 쓸 물건이 아니라면 어떨까? 미니멀 라이프를 실천하는 이유가 물건을 쌓아두지 않음으로써 정리를 쉽게 하기 위해서인데 그렇게 물건을 쉽게 살 수는 없다.

그래서 미니멀 라이프를 실천하는 사람들은 '원 소스 멀티 유즈'를 잘한다. 한 가지 물건을 하나의 용도로만 사용하지 않고 이렇게도 썼다가 저렇게도 쓰는 등 다용도로 활용하는 것이다. 한마디로 "이가 없으면 잇몸으로!"다.

미니멀리스트이자 아이 둘을 키우는 4인 가족의 주부 유튜버 '뿌미맘' 씨[13]는 이런 말을 했다.

"물건이 적어지면 머리가 좋아진다는 느낌이 드는 게, 활용할 생각을 정말 많이 해요. 예를 들어 저희 집에는 프라이팬이 하나인데, 색깔이 안 들어간 요리를 먼저 하고 그다음에 키친타월로 닦아낸 다음 다른 요리를 또 해요. 충분히 하나로도 음식을 만들 수 있어서 주방 용품을 종류별로 사는 과소비를 하지 않아도 돼요. 또 적은 양을 해 먹기 때문에 음식물 쓰레기도 거의 나오지 않아서 음식물 쓰레기통도 깨끗해요."

백화점 주방 코너를 둘러보면 프라이팬 종류만 해도 정말 많다. 달걀말이용, 소스용의 작은 것부터 웍, 전골용 등 용도별, 크기별로 엄청 다양한 종류가 있다. 그 많은 프라이팬을 다 사서 사용해야 요리가 잘 될까? 나중엔 설거지가 귀찮아서 두 개 이상은 꺼내기도 싫어진다. SNS에서 프라이팬 하나로 다 되는 원팬 요리가 왜 유행하겠는가?

뿌미맘 씨는 거실에 있는 TV장을 아이들 옷장으로 쓰기도 하고, 빈 공간이 많은 안방 옷장을 아이들의 장난감장으로도 같이 사용한다. 다용도로 사용하는 물건을 보며 누군가는 그냥 새로 하나 사라고, 너무 구질구질한 거 아니냐고 말할 수도 있다. 그러나 물건이란 연쇄적인 속성을 갖고 있어서 하나를 사면 이것도, 저것도 계속해서 사는 소비의 늪에 빠지기 쉽다. 그러니 미니멀 라이프를 실천하는 사람들이 애추에 물건을 사지 않으려고 계속 아이디어를 내는 것이다.

게다가 그 과정에서 돈을 절약하는 짠테크도 절로 된다. 아무리 큰 폭으로 할인하는 제품이 있다 하더라도 아예 안 사면 소비가 0원이다. 미니멀 라이프와 가계부 쓰기 전도사인 뿌미맘 씨는 실제로 가계부를 쓰며 생활비를 100만 원이나 줄였다는 사람들의 이야기를 많이 들었다고 한다. 100만 원이라는 돈을 실제 벌고자 하면 생각처럼 쉽지 않다. 하지만 물건을 신중하게 들이는 방법으로 지출을 줄이고 물건을 여러 방식으로 활용함으로써 소비를 줄이면 생각보다 많은 돈을 절약할 수 있다.

결국 미니멀 라이프는 하나의 물건을 다양하게 사용하도록 창의력도 높여주고, 내 주머니도 지켜주며, 내가 사는 공간도 넓게 만들어주는 장점 가득한 생활 방식이다. 실천해서 손해날 게 하나도 없는 라이프스타일이다. 그렇다면 어떻게 해야 불필요한 소비를 멈추고 갖고 있는 물건들을 잘 활용할 수 있을까?

해답은 의외로 간단하다. '물건을 위한 물건', 다시 말해 한 가지 용도 말고는 다른 쓰임이 없는 물건을 사지 않으면 된다. 예를 들어 저금통을 사고 싶은데 집에 없다면, 저금통 용도로 사용할 수 있는 물건을 집에서 찾아보자. 플라스틱 페트병은 어떨까? 동전과 지폐가 들어갈 만큼만 가늘고 좁은 구멍을 뚫어주면 끝이다. 창문으로 들어오는 바람 때문에 방문이 계속 닫혀서 도어 스토퍼가 필요하다면? 집에 굴러다니는 스마트폰 그립톡이 좋은 대체품이 된다. 방문을 연 상태에서 그

아래 방바닥에 그립톡을 붙이고 고리를 세우면 아주 훌륭한 도어 스토퍼로 재탄생한다. 그 밖에도 수경 식물은 유리 음료수 병에 넣어 키울 수 있고, 비누받침대를 사는 대신 음료수 뚜껑을 비누의 아래쪽에 꽂아 사용할 수 있다. 이 모든 게 물건을 위한 물건을 사지 않기로 했을 때 떠올릴 수 있는 아이디어다.

무언가가 필요하다고 무턱대고 사지 말고 내가 가진 물건들로 대체할 방법은 없는지 먼저 고민해보자. 쇼핑 과소비를 막으려면 일단 장바구니에 물건을 담아두고 며칠 고민해보라는 조언을 들어봤을 것이다. 옷 쇼핑뿐 아니라 생활용품도 크게 다르지 않다. 당장은 꼭 필요한 것 같아도 없이 살아보거나, 대체품을 찾아보면 그 물건이 없어도 크게 불편하지 않다는 사실을 알게 될 것이다. 그렇게 미니멀 라이프로 나의 창의력과 돈과 공간까지 다 지켜낼 수 있다.

'추억'과 '언젠가'에 공간을 내주지 마라

불필요한 물건을 비우고 가급적 새로운 물건을 사지 않는 미니멀 라이프가 내 삶에 여유를 주고 공간 확보에 도움이 된다는 걸 모르는 사람은 없다. 그렇게 잘 아는데도 미니멀 라이프 실천이 힘든 이유는 물건을 비우는 일 자체가 망설여지기 때문이다. 우리는 왜 물건을 버리지 못하는 걸까? 미니멀 라이프의 대표 주자격인 곤도 마리에는 그 이유를 이렇게 정의한다.

"버리지 못하는 이유는 두 가지뿐이다.

과거에 대한 집착, 그리고 미래에 대한 불안."

소중한 추억이 깃든 과거의 물건들과 나중에 쓰게 될지 몰라 이고 지고 사는 물건들이 현재 우리의 발목을 잡고 있다는 얘기다. 다시 말하면 물건 자체의 문제라기보다는 그 물건에 쓸데없는 감정과 걱정을 입히는 우리 자신이 문제라는 뜻이다. 그리고 이 말을 반대로 해석하면 과거에 집착하지 않고 미래에 대해 과도한 불안을 느끼지 않는다면 안 쓰는 물건을 비우기가 한결 수월해진다는 말이 된다.

맞는 말이다. 모든 건 우리의 마음에 달려 있다고 하지 않던가. 내 마음이 불안정하면 그 불안을 물건으로 채우기 위해 중독 수준으로 쇼핑을 하고 그 물건을 계속 모아놓으며 쓰레기마저 버리지 못한다. 반면 마음이 평온한 사람은 물건에 휘둘리지 않을 수 있다.

곤도 마리에가 구분한 버리지 못하는 물건을 조금 더 와닿기 쉽게 구체적으로 나눠보면 다음과 같다.

✧ **과거에 대한 집착**

- 졸업한 지 10년도 더 되었는데 옷장 한 자리를 차지하고 있는 교복
- 지금은 아니지만 한때 미친 듯이 좋아했던 연예인의 굿즈들

- 첫사랑이 주었던 나의 첫 생일 선물(지금 내 옆에는 다른 사람이 있다는 게 문제)
- 나에게 어울리지도, 잘 맞지도 않지만 아주 비싸게 주고 산 옷들

✧ **미래에 대한 불안**

- '어차피 날마다 쓰니까' 하는 마음으로 세일할 때 왕창 사서 도무지 줄지 않는 화장품
- 한때는 귀해서 엄청 많이 사뒀지만 이제는 널리고 널린 일회용 마스크들
- 한 달에 한 번씩 바꿔야 한다고 해서 계속 사고 보니 100개가 넘은 칫솔들
- 언제 필요할지 몰라 계속 모으다 보니까 100장이 넘어버린 종이 쇼핑백들
- 언젠가 보겠지 하는 마음으로 벽 한쪽 면을 가득 채우고도 바닥에 쌓아놓은 오래된 책들

10대 때 입던 교복은 이제 들어가지도 않는다. 좋아했던 연예인의 굿즈는 살아 있는 생명을 유기하는 기분이 들겠지만 그저 물건일 뿐이다. 첫사랑 관련 물건은 그때의 반짝였던 나를 추억하게 만들지만 제일 중요한 건 현재의 나다. 사용하진 않지만 비싸게 주고 사서 비우기 힘든 아까운 물건들은 지금이라도 파는 게 남는 장사다. 오래 갖고 있

을수록 값만 떨어진다.

대량으로 구매했을 때 저렴한 물건들도 그걸 끝까지 다 쓸 경우에만 현명한 소비가 된다. 유통 기한이 지나기 전까지 알차게 쓴 경험이 없다면 섣불리 많이 사지 않는 게 좋다. 생필품은 생활에 꼭 필요한 물건이지만 한 사람이 물건을 소비하는 데에는 분명 한계가 있다. 언젠가 쓰겠지 하는 마음으로 모아둔 종이 쇼핑백도 마찬가지다. 비슷한 종류로 에코백이나 텀블러도 빠질 수 없다. 지난 몇 년 동안 안 읽은 책은 앞으로도 안 읽을 책이다.

이러한 리스트를 밤새도록 작성할 수도 있지만 중요한 건 물건 자체보다 그 물건에 깃든 내 생각이므로 여기까지만 하겠다. 내가 어떤 마음으로 물건을 버리지 못하는지 내 생각을 먼저 점검해보자. 내가 지나치게 과거에 매몰되어 있는지, 미래에 대한 막연한 불안감이 너무 크지는 않은지 말이다.

언제나 '현재를 살고 있는 나 자신'이 제일 중요하다는 사실을 잊지 말자. 지금의 내가 행복하려면 현재의 나에게 집중하며 살아야 한다. 과거의 물건, 미래를 위해 쟁여둔 물건이 현재의 나를 행복하게 만들어주진 않는다. 이 사실만 제대로 마주해도 나의 생활 공간을 잔뜩 차지하고 있는 물건들을 기꺼이 웃으며 보내줄 수 있을 것이다. 추억이 깃든 물건 정리에 대해서는 뒤에서 다시 논의하자.

공간에 과부하가 걸리지 않는 삶

요즘은 고인의 짐을 대신 정리해주는 업체들이 꽤 많다. 돌아가신 분의 짐을 유가족이 일일이 정리하기 힘들어 새롭게 등장한 서비스다. 그까짓 짐이 얼마나 된다고 사람까지 써서 치워야 하나 싶겠지만 그게 그렇게 간단한 문제가 아니다.

마음에 병이 있던 분들은 쓰레기 집을 만들기도 하고, 잘 버리지 못하는 어르신들은 안에 무엇이 들었는지도 모르는 수십 년 된 비닐봉지를 셀 수 없이 많이 갖고 있기도 하다. 업체 관계자들의 얘길 들어보면 상상을 초월하는 짐을 쌓아놓은 채 돌아가시는 분들이 생각보다 많다고 한다.

'내가 갑자기 세상을 떠난다면 내 남은 짐들은 어떻게 될까?' 우리는 한 번쯤 이런 생각을 해봐야 한다. 사는 동안 즐겁고 행복하게 열심히 사는 것과 별개로 나의 짐이 남은 가족들을 힘들게 할 수도 있기 때문이다. 초중등생 3남매를 키우는 30대 워킹맘인 박미영 씨[14]는 친정 아버지가 편찮으셨을 때 이런 생각을 진지하게 했다고 한다.

> "아빠가 많이 편찮으셔서 중환자실에 몇 개월 정도 입원을 하셨어요. 그때 엄마가 우시면서 하시던 말씀이 "니 아버지 돌장 어떡하냐?"였어요. 아빠의 오랜 취미가 수석 모으기였거든요. 벽 가득 높은 돌장에 수석이 가득한데 어머니는 아빠가 돌아가시고 나면 그 돌들을 치

운 거전이 먼지 드였던 거예요. 아빠에겐 소중한 물건이지만 남들에겐 그냥 돌멩이잖아요. 그때 나에게 소중한 물건이 다른 사람에게는 짐이 될 수 있겠다는 생각이 확 들면서 물건을 보는 시선이 180도 달라진 것 같아요."

가족을 잃는다는 슬픔과 별개로 남은 이들은 고인의 물건을 정리해야 한다. 슬픔과 아쉬움, 행복했던 과거에 대한 회상, 그리움 등 여러 감정을 추스르는 것만으로도 힘든 일일 텐데 고인의 물건을 치우면서 정리의 고단함마저 섞인다면 힘듦은 배가 될 것이다. 그러니 내 물건을 남은 가족들이 치우느라 힘들지 않길 바라는 마음이 절로 든다. 자연스럽게 미니멀 라이프가 떠오른다.

미니멀 라이프라고 하면 흔히 떠오르는 이미지들이 있다. 새하얀 공간에 덩그러니 놓인 최소한의 생활 가구들, 아무것도 없는 주방에서 마르고 있는 새하얀 행주, 휑하게 비어버린 수납 공간 등이다. 그런 이미지를 떠올리면 과연 내가 실천할 수 있을까 싶지만, 모든 미니멀 라이프가 이렇지는 않다. 내가 비울 수 있는 만큼만 내가 관리할 수 있는 만큼만 소유하는 것이 핵심이기 때문이다. 그 규모는 사람마다 다 다르다. '너무 심하지 않나?' 싶을 정도로 적게 소유한 사람도 미니멀리스트고, '저렇게 많이 갖고 살면서 미니멀리스트라니!' 싶은 사람도 미니멀리스트가 될 수 있다.

다만 어떤 물건을 비울지 명확한 판단이 서지 않아 미니멀 라이프의 입구에서 망설이는 분들에게는 박미영 씨의 이야기가 하나의 기준이 될 수 있을 것 같다. 내 물건의 규모를 내가 떠나고 난 뒤 남은 가족들이 대했을 때 어떻게 느낄지 가늠해보는 것이다. 그러면 내 기준에선 많지 않다고 느꼈던 물건들이 조금은 다른 시선으로 보이지 않을까?

나는 물욕이 많은 것이 무조건 나쁘다고 생각하지는 않는다. 정말 마음에 드는 무언가를 산 후 그걸 볼 때마다, 사용할 때마다 뿌듯함을 느꼈던 경험은 누구에게나 있다. 그런 감정은 결코 가짜가 아니다. 좋아하는 물건을 사고, 애착을 느끼는 물건을 수집하는 것도 괜찮다.

다만 사람은 계속 변하는 존재라서 어릴 땐 좋았던 것이 다 커서는 흥미롭지 않기도 하고, 예전엔 잘 쓰던 물건이 더 이상 필요 없어지기도 한다. 그럴 땐 적절하게 비우는 정리를 해주어야 내 공간에 '과부하'가 걸리지 않는다.

"나중에 다시 좋아지면 어쩌지?"

"지금은 아니지만 예전에 좋아했던 그 기분이 너무 소중해."

"이 소중한 추억을 어떻게 버려?"

"이미 나의 일부가 되었단 말이야."

물건을 비우지 못해 과부하가 걸린 공간이라면 그래서 나의 가족들에게 자칫 부담이 될 정도로 많은 물건을 끌어안고 있다면, 이런 마음에 대해 진지하게 고민해보았으면 좋겠다. 그 막연한 기분 때문에 미래의 나와 내 가족이 힘들어질 수도 있을 테니까.

냉정하게 들릴 수도 있겠지만, 소중한 추억을 반드시 실제 물건으로 가지고 있을 필요는 없다. 많은 정리 전문가가 추억이 깃든 물건은 사진으로 찍어서 남기라고 하지 않던가. 물건보다 사람에게 초점을 맞춘 정리를 해야 공간과 사람 모두에게 이로운 정리가 된다.

그동안은 이 물건이 나에게 얼마나 소중한지만 생각해왔다면, 이제는 가족의 입장에서도 고려해보자. 미니멀 라이프를 실천하고는 싶은데 어떻게 시작해야 할지 감이 오지 않는다면 '나의 짐'과 '남은 가족'과의 관계 측면에서 생각해보길 권한다.

영상으로 더 자세히 보기

12. 김태윤 씨
전국살림자랑 ep.9

13. 뿌미맘 씨
전국살림자랑 ep.35

14. 박미영 씨
전국살림자랑 ep.28

파일 박스의 무한 변신

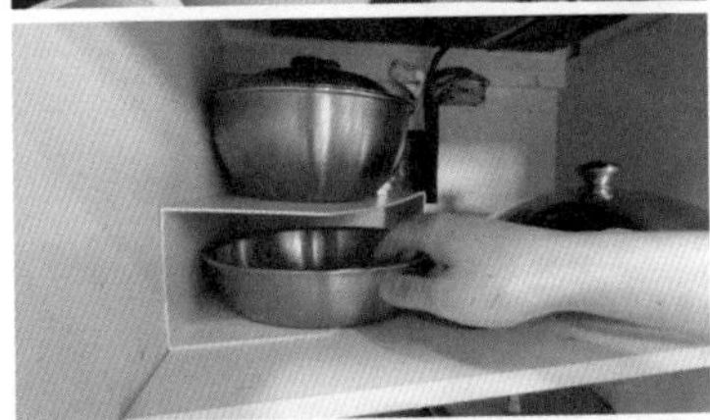

파일 박스를 주방 상하부장에 넣으면 아주 훌륭한 수납 도구가 된다. 쟁반꽂이, 도마꽂이, 냄비 정리대 등 무한 변신이 가능한 아이템이 바로 파일 박스다.

장소에 상관없이 쓸 수 있는 수납 걸이

방문에 거는 수납 걸이는 사실 어디에든 걸 수 있다. 창문의 바깥쪽 발코니에 걸면 청소용품만 따로 정리하는 수납 걸이로 사용할 수 있다.

커피 캐리어의 다양한 활용법

종이로 된 커피 캐리어는 만능 아이템이다. 커피믹스나 티를 종류별로 담기에도 좋고, 연필꽂이는 물론 신발 정리함으로 쓰거나 손잡이를 잘라 약 보관함으로도 사용이 가능하다.

발상의 전환으로 편리한 생활 만들기

① 더 이상 사용하지 않는 접시꽂이는 높이가 너무 낮아 불편한 곳에 받침대로 사용하기 아주 좋다. 높이가 조금 높아진 것만으로도 생활이 편리해진다.

② 접시꽂이에 책을 꽂으면 책꽂이로 변신한다. 옆으로도, 앞으로도 꽂을 수 있어 보관하는 책과 지금 읽고 있는 책을 구분하기도 좋다.

세면 용품을 청소 용품으로

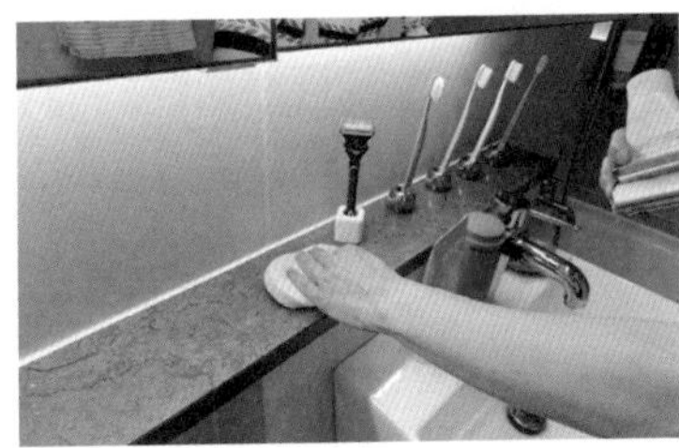

얼굴을 닦는 해면 스펀지는 먼지가 잘 쌓이는 욕실 젠다이 청소에 제격이다. 흠집 없이 닦고 싶은 곳에 해면 스펀지를 활용해보자.

화장대에 놓고 사용하는 주방 용품

화장대 위에 드라이기를 깔끔하게 두기란 생각보다 어렵다. 이때 드라이기와 비슷한 색의 키친타월 거치대를 활용하면 드라이기를 쓰러트리지 않고 깔끔하게 세워서 정리할 수 있다.

따로 돈 주고 살 필요 없는 도어 스토퍼

도어 스토퍼를 따로 사지 말고 기존에 가지고 있는 물건들을 활용해보자. 사용하지 않는 휴대전화 그립톡 홀더를 바닥에 붙이고 세우거나 북스탠드를 끼워두면 그 자체로 도어 스토퍼가 된다.

천 기저귀, 이렇게도 쓸 수 있다

베개 커버를 자주 세탁하는 게 힘들다면 천 기저귀를 베개 위에 깔아보자. 날마다 갈아줄 수도 있고, 수건처럼 손쉽게 세탁할 수 있어 아주 편리하다.

가볍고 싸고 부담 없는 액세서리 보관함

약통은 아주 훌륭한 액세서리 보관함으로 활용할 수 있다. 액세서리 보관함은 보통 크고 무거운 경우가 많은데, 약통을 활용하면 여행갈 때 휴대하기도 간편하다.

1물 2역, 하나의 물건을 여러 용도로

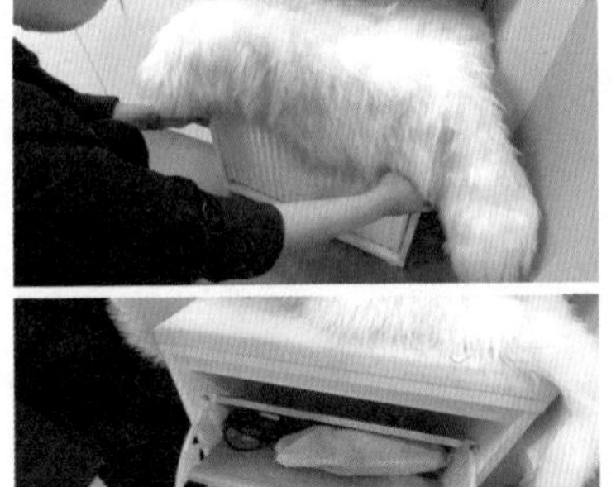

물건을 늘리고 싶지 않다면 하나의 물건을 여러 용도로 사용하는 게 좋다. 수납이 가능한 상자를 화장대 의자로 활용하는 것처럼 말이다.

발 없는 물건에 발 달아주기

소형 가전들은 콘센트 위치 때문에 원하는 곳에 두기 어려울 때가 있다. 이때 바퀴 달린 화분받침대 위에 소형 가전을 올려두면 이동이 가능해져 편리한 사용이 가능해진다.

아이스크림 틀의 재발견

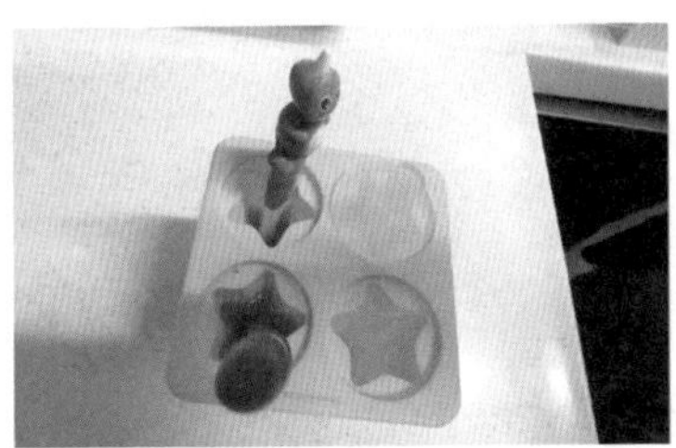

실리콘 아이스크림 틀에 구강세정제를 넣고 칫솔을 담가두면 편리한 칫솔 살균기로 쓸 수 있다. 칫솔 고정도 쉽고 칫솔 살균 후 뒷정리도 간단하다.

정리 습관 5

맥시멀리즘,
물건 무덤 대신 나만의 컬렉션으로!

"하늘 아래 같은 빨강은 없다."

일반 사람이 보기에는 다 같은 빨간색이지만 화장품 덕후, 일명 '코덕'들은 똑같아 보이는 립스틱의 미묘하게 다른 컬러를 정말 잘 구분한다. 관찰력이 좋고 디테일에 강하다. 무엇보다 이들은 자신이 무엇을 좋아하는지, 무엇을 할 때 기분이 좋은지를 잘 알기에 밝고 명랑한 기운을 내뿜는다.

문제는 '이렇게 모은 화장품이 과연 잘 관리가 될 것인가?'인데, 아무리 내 취향에 맞고 좋아하는 것이라도 수많은 물건들의 산에 갇히게 되면 또 다른 스트레스가 있지 않을까? 하는 생각이 든다.

화장품 덕후를 예로 들긴 했지만 이렇게 자기 취향이 확실한 사람들은 대체로 물건이 많다. 좋아하는 걸 계속 사 모으다 보니 자연스럽게 물건이 많아진다. 그 많은 물건들 때문에 집이 엉망일 거라 생각할 수도 있는데 사실 그렇지 않은 경우가 더 많다. 왜냐하면 자신이 너무 좋아하는 물건들이라서 그만큼 아끼고 애정을 쏟기 때문이다. 내가 아끼는 물건인데 어떻게 여기저기 굴리며 방치하겠는가? 그래서 맥시멀리즘은 미니멀리즘의 대척점에 있는 듯 보이지만 사실 '정리'의 측면에서만 보면 양극단은 통하는 면이 있다.

물건의 양을 줄이면 정리할 일도 줄어들기는 한다. 그러나 물건에 대한 기호와 소유욕을 포기하고 싶지 않은 사람도 있는 법이다. 그들 중 깔끔하게 정리된 공간을 원하면서 자신의 물건까지 아끼는 사람은 정리를 잘한다. 자신만의 효율적인 시스템을 구축해놓은 덕분이다. '정리 = 미니멀 라이프'라는 고정관념을 과감하게 깨부수는 정리 만렙 맥시멀 라이프의 이야기를 들어보도록 하자.

절대 포기할 수 없는 한 가지만 사수한다

나는 두 아이의 아빠이자 결혼 N년차 유부남이다. 나는 결혼 전문가도 아니고 결혼을 무조건 해야 한다고 생각하는 사람도 아니지만, 그럼에도 성공적인 결혼 비결로 한 가지는 조언해줄 수 있다. 그건 바로 '딱 하나'만 보는 것이다.

배우자의 이상형을 꼽을 때 성격, 외모, 경제 수준, 학벌, 개그 코드, 취미 등 너무 여러 가지를 보려고 하면 결혼이 어려워진다. 모든 면에서 완벽한 사람은 없기 때문이다. 내가 절대로 포기할 수 없는 딱 한 가지를 충족하는 사람을 만나기도 어렵다. 그래서 나에게 제일 중요한 게 성격인지, 성장 환경인지 등을 정확히 알아야 한다. 이것도 중요하고 저것도 중요해서 모든 걸 챙기려다 보면 상대에게 실망하는 패턴을 반복할 수 있다.

정리 역시 우리 인생과 비슷해서 배우자를 결정하는 일과 닮은 점이 매우 많다. 맥시멀리스트는 단순히 물건을 많이 소유한 사람을 일컫는 말이 아니다. 내가 가장 좋아하는, 절대 포기할 수 없는 무언가를 계속 추구하고 발전시킨 사람, 그러다 보니 그 분야의 물건이 많아진 사람이 바로 맥시멀리스트다. 그래서 명확한 색깔과 취향이 있는 맥시멀리스트의 공간은 어지럽거나 지저분하다기보다 개성 있고 힙하게 느껴진다.

간혹 정리가 안 될 정도로 굉장히 많은 물건들에 파묻혀 지내는 분들이 스스로를 맥시멀리스트라고 칭하는 경우가 있는데, 그건 그냥 공간에 비해 지나치게 물건이 많은 상태일 뿐이다. 어디에 어떤 물건이 있는지 스스로도 알지 못하고, 내가 찾는 옷이 도대체 어디에 있는지 찾지도 못하는 집은 그저 정리가 시급한 지저분한 집일 뿐이다.

반면 진정한 맥시멀리스트는 자신이 가장 중요하다고 생각하는 것만큼은 제대로 사수한다. 옷을 진심으로 좋아하는 맥시멀리스트는 계절별, 소재별, 컬러별 등 자신만의 기준으로 의류 관리를 확실하게 한다. 옷을 상하지 않게 하는 정리는 기본이다. 내가 본 어떤 분은 아예 따로 공간을 빌려 소장용 의류를 철저히 관리하기도 했다.

다시 한 번 말하지만 입으려고 보면 어디서 묻었는지 모를 얼룩이 있고, 언제 샀는지 기억도 나지 않는 옷들이 옷장을 한가득 채우고 있는 사람은 맥시멀리스트가 아니다. 좋아하는 것을 그렇게 방치할 수는 없다. 그런 경우는 옷을 좋아한다기보다 옷을 사는 행위 자체에 집중했을 확률이 더 높다. 당장 안 입는 옷을 비워야 하는 상황인 것이다.

아들딸을 다 키우고 손주까지 본, 35년 차 주부 최정옥 씨[15]는 식재료만큼은 절대로 양보할 수 없다고 말하는 '식재료 맥시멀리스트'다. 김치냉장고 두 대, 냉장고 한 대, 냉동고 두 대를 구비해놓은 그녀의 집에서 가장 중요한 것은 단연 식재료다. 그야말로 식재료계의 맥시멀리스트라 할 수 있다.

> "집안 살림을 보면 진짜 산 거는 별로 없어요. 근데 먹는 거는 안 아끼고 사면서 살았어요. 그게 남편과 저의 공통된 생각이에요. 내가 아이들에게 돈으로 막 퍼줄 수는 없어도 먹는 것만큼은 마음껏 먹이고 싶었어요. 저는 앞으로도 계속 이렇게 살 거예요."

진정한 맥시멀리스트인 최정옥 씨는 진공 포장기를 이용해 자신이 만든 음식과 식재료를 마트의 냉장 코너처럼 정리해놓고 산다. 미역국을 한 솥 끓이면 1~2인분씩 소분해 진공 포장기로 밀키트를 만들어 냉동고에 차곡차곡 쌓아놓는 식이다. 고기도 종류별, 부위별로 소분해 언제든 해동해서 구워먹을 수 있게끔 정리해둔다. 자신이 정말 중요하다고 생각하는 것들을 잘 사용할 수 있게 정리한 맥시멀 라이프의 표본과도 같다.

일반 가정집에, 그것도 은퇴한 남편과 단 둘이 사는 부부의 집에 냉장고가 다섯 대라고 하면 깜짝 놀라는 사람들이 많을 것이다. 음식을 버리지 못해 냉장고를 사고, 또 사는 건 아닌지 의심할 수도 있다. 어르신들이 검은색 비닐봉지에 싸인 정체불명의 음식을 냉동고에 가득 쑤셔넣은 이미지를 떠올리면서 말이다. 하지만 식재료 맥시멀리스트인 최정옥 씨는 재고 관리에도 철저하다. 투명하게 진공 포장된 음식들에 언제까지 먹으면 되는지 소비 기한을 네임펜으로 적고 가장 먼저 먹어야 할 것들을 앞쪽에 배치하면서 많은 음식들을 맛있게 소비한다. 게다가 주위 사람들에게 음식 나눠주는 것을 좋아하는 터라 최정옥 씨네 집에 오는 사람들은 마트에서 쇼핑하듯 그녀의 정성이 담긴 음식을 한가득 골라 가기도 한다. 언뜻 보기에 많아 보이는 음식들이 금세 사라지는 이유이기도 하다.

음식 만드는 걸 좋아하고, 자신이 만든 음식을 주위 사람들과 나눠 먹으며 진정으로 행복해하는 최정옥 씨는 냉장고를 다섯 대나 두었지만 그 식재료들에 파묻히지 않고 쾌적한 상태를 유지한다. 정리 만렙의 맥시멀 라이프란 바로 이런 것이 아닐까.

'나는 무엇을 좋아하는가?'

'나는 어떨 때 행복한가?'

이 질문들은 흔들리지 않는 인생을 살기 위해 스스로에게 해야 하는 중요한 질문이기도 하지만, 내가 사는 공간을 정리하는 데에도 반드시 필요한 질문이다. 그래야 무엇을 포기하고, 포기하지 않을지 명확히 알 수 있다.

많아도 힙하게, 체계적으로 정리한다

'운동과 취미는 장비발'이라는 말이 있다. 그래서 어떤 운동이나 취미생활을 시작할 때 장비나 도구를 먼저 사고 시작하는 경우도 아주 많다. 이런 행동이 무조건 잘못됐다고 볼 수는 없다. 마음에 드는 운동복 덕분에 운동을 더 열심히 할 수도 있고, 좋은 장비 덕분에 취미였던 활동이 전문가 수준으로 향상될 수도 있을 테니까. 문제는 자꾸만 늘어나는 물건이 아니라 '그 물건들을 어떻게 정리하는가'이다.

옷을 좋아하는 사람은 옷이 계속 늘어나기 마련이다. 안 입는 걸 비우기도 하지만 마음에 드는 옷이 계속 나타나고, 자주 입진 않아도 마음에 드는 옷을 굳이 버려야 할 이유를 찾지 못한다. 게다가 늘어나는 아이템이 옷에서 다른 분야로 뻗어나가기도 한다. 그 옷에 어울리는 신발과 가방, 모자, 액세서리까지 모으다 보면 맥시멀리스트가 되지 않을 수 없다.

다만 이런 사람의 집이 무조건 어수선하고 관리가 안 될 것이라는 생각은 편견이다. 남편과 둘이 25평 아파트에서 살고 있는 40대 직장인 '하얀신여성' 씨[16]는 패션을 너무 사랑하는 맥시멀리스트이자, 의류 매장처럼 드레스룸을 만든 상당한 정리력을 자랑하는 인물이다. 드레스룸 하부 선반장에는 하의를 쉽게 꺼낼 수 있게끔 슬라이딩 걸이를 맞추었고, 많은 양의 신발을 관리하기 위해 서랍형 신발 박스에 신발 사진을 붙여서 일일이 열어보지 않아도 신발을 금세 찾을 수 있게 만들었다.

하얀신여성 씨네 집은 부부 모두 취미가 많아 2인 가구인데도 물건이 많은 편이었다. 다 좋아해서 산 물건이지만 그 물건들에 짓눌리고 싶지는 않았기에 그녀는 수납을 제대로 하면서 쾌적하게 유지할 수 있는 방법을 오래 고민했다고 한다. 그렇게 시간이 지나면서 정리력이 상승했고, 스스로를 '살림 근로자'라고 칭하는 수준이 되었다. 그녀의 정리에서 가장 핵심이 되는 부분은 바로 '통일감'이었다.

"기존의 물건과 같이 잘 어우러질 수 있는 물건으로 선택을 해요. 가구 등 추가로 무언가를 들였을 때 기존의 물건과 어울려서 통일감을 주는 제품 위주로 삽니다. 십여 년 전부터 사용해온 물건과 새로 산

[illegible]화됩니다. 특히 치수와 용도에 따라 자유롭게 배치를 바꿀 수 있는 모듈형 박스 가구, 조립과 해체가 가능한 스타일의 수납장과 수납 용품들이 저에게 딱 맞는 답이 되어주었습니다."

공간은 제한적인데 내가 좋아하는 물건들이 계속 늘어간다면 깔끔한 정리뿐 아니라 사용하기에도 편리한 구조를 고민하기 마련이다. 그런 점에서 하얀신여성 씨는 추가로 적재할 수 있는 모듈형 가구를 잘 활용하고 있었다. 또한 그렇게 늘어난 짐들을 손쉽게 찾아 쓸 수 있도록 동선을 구상하고 라벨링을 하는 등 정리에 대한 고민과 실천을 꾸준히 실천 중이었다.

"필요할 때 언제든지 제 손 근처에 물건이 있는 게 저는 스트레스를 덜 받고 행복한 것 같아요. 물건이 없어야 정리가 잘되는 건 맞지만 또 필요해서 결국에는 다시 사게 되더라고요. 적게 소비하는 미니멀 라이프도 참 좋죠. 하지만 삶의 방식은 다양한 거니까 똑같이 살아야 할 필요는 없다고 봐요."

맥시멀 라이프에 대한 하얀신여성 씨의 철학도 충분히 공감된다. 1년에 한 번 쓰는 물건이라도 그걸 비우면 필요할 때 다시 사야 하는 경우가 생긴다. 그렇다면 잘 정리해서 그때그때 사용하는 게 더 경제적일 수도 있다.

단, 정리를 잘한다고 해서 물건을 살 때 큰 고민을 하지 않아도 된다는 뜻은 아니다. 그렇게 마구 짐을 늘렸다가는 나의 정리 능력이 감당할 수 없는 수준에 이를 수도 있기 때문이다. 하얀신여성 씨 또한 모듈형 가구라는 자신만의 정리 해답을 찾기 전까지 다양한 수납 도구들을 샀다가 아깝게 버린 경험이 있어 물건 하나를 살 때마다 신중하게 생각하고 선택한다고 말했다.

계속해서 말하지만 맥시멀 라이프는 모든 물건을 이고 지고 사는 삶이 아니다. 물건에 짓눌리는 삶은 결코 '라이프'가 될 수 없다. 내가 좋아하는 물건들을 언제든 잘 사용할 수 있도록 제대로 정리해야만 생활이 가능한 진짜 라이프가 된다. 그러므로 드물게 사용하는 물건까지도 어디에 있는지 제대로 파악하고 있어야 한다. 그 물건들을 사용하면서 내가 편리함을 느끼고 행복감을 느낄 때 그것이 진정한 맥시멀 라이프라고 할 수 있다.

보기 좋은 정리와 진짜 정리의 차이

"정리 좀 하고 살아. 이렇게 나와 있는 것들은 안에 다 넣어야 깔끔하고 보기가 좋지."

나름 정리를 하고 산다고 생각했는데 우리 집에 놀러 온 누군가가 이런 말을 했다고 해보자. 바로 어떤 생각이 드는가? '다 나와 있어서 지저분한가? 내가 여태껏 정리를 잘못하고 있었나?' 이런 생각이 들었다면 '아니요!'라고 말해주고 싶다. 정리에는 옳고 그른 것도, 더 나은 쪽도 없기 때문이다. 물론 어떤 물건이든 보이지 않게 안에다 넣어두면 깔끔해 보이기는 한다. 그러나 막상 그 물건을 사용하는 사람이 다시 꺼내고 넣는 과정 자체를 번거롭고 힘들게 여긴다면 그건 결코 좋은 정리라고 말할 수 없다.

남편과 함께 아들 둘을 키우는 50대 주부인 '꼰대들의 블루스' 씨[17]도 보이지 않게 물건을 수납하는 정리와 잘 맞지 않았다. 그래서 늘 사용하는 물건은 언제든 눈에 보이는 곳에 두는, 밖으로 빼서 진열하는 정리를 하기 시작했다.

> "저는 주방에 있는 조리 도구를 전부 수저통에 꽂아서 보관해요. 다른 깔끔한 집들을 보면 이런 것이 다 안에 들어가 있잖아요. 저도 그런 수납을 해봤거든요. 근데 사용하고 나서 제자리에 넣는 일이 저는 굉장히 힘들었어요. 물건 한두 개가 제자리에 들어가지 않으면 나머지 물건들도 '나중에 정리해야지' 하면서 그때부터 정리가 안 되더라고요. 그래서 그냥 편하게 사용하고 편하게 수저통에 꽂는 게 더 중요하다는 생각이 들어서 밖으로 다 꺼냈어요."

남들이 볼 때는 물건이 많은 집, 더 정리가 필요한 집처럼 보이겠지만 절대 그렇게 단언할 수 없다. 정리의 핵심은 '사용자'가 편하고 그 상태를 계속 유지할 수 있느냐이기 때문이다.

아무리 깔끔해 보여도 사용할 때마다, 사용 후에 다시 정리할 때마다 스트레스를 받을 정도로 불편하다면 '정리했다'고 말할 수 없다. 반면 다소 물건이 많아 보여도 그 물건들을 잘 사용하고, 사용할 때마다 편리함을 느낀다면 그건 '좋은 정리'라고 할 수 있다. 그저 보기 좋은 정리만 하려고 애쓸 필요가 전혀 없다는 얘기다.

집 정리를 대표하는 이미지로 화이트 인테리어, 빈 벽, 아무것도 없는 식탁 등을 꼽을 수 있는데 그중에서 많은 물건을 걸어서 정리하는 '공중 부양'도 빼놓을 수 없다. 보통 물때, 곰팡이 등에 취약한 욕실에서 이러한 공중 부양을 활용한 정리를 많이 한다. 그래야 청소하기도 쉽고 물기를 말리기도 쉽기 때문이다.

그러나 이러한 공중 부양 정리 역시 모두에게 잘 맞는 정리법은 아니다. 내가 혼자 쓰는 공간이라면 상관없지만 다른 가족이 함께 생활하는 공간에서는 모두가 다 함께 실천하는 정리가 되어야 깨끗한 집이 유지될 수 있다. 나는 공중 부양을 하려고 노력하는데 다른 가족이 협조하지 않으면 말짱 도루묵이다.

"공중 부양 많이들 하시잖아요. 그런데 물건을 쓰고 세심하게 다시 걸어두는 공중 부양은 가족의 도움이 필요해요. 아이들이 급하게 씻고 집어던지고 그러는데 그게 어떻게 걸려 있겠어요? 그렇게 한

두 개 정리가 안 되고 흐트러지면 걷잡을 수 없거든요. "차라리 여기에 꽂아놓고만 가라." 그래요. 그러면 제가 한 번씩 그냥 닦으면 되니까."

꼰대들의 블루스 씨의 경험담은 정말 생생하다. SNS에 넘쳐나는 정리 이미지로는 알 수 없는 그야말로 생활 밀착형 조언이다. 이처럼 정리를 할 때는 다른 사람들의 방법을 참고만 해야지 무작정 따라 해서는 곤란하다. 1인 가구인지, 자녀가 있는지 없는지, 자녀가 있다면 연몇 살인지 거동이 불편한 어르신이 계신지 등에 따라 정리 기준은 얼마든지 바뀌고 변화한다.

예를 들어보자. 잘 사용해오던 수납함이 있다. 그 안에 내 물건들을 차곡차곡 잘 넣어두었다. 그런데 바쁘게 살다 보니 그 안에 뭐가 들어있는지를 잊고 지내게 됐다. 그렇게 1년이란 시간이 지나 대청소를 하다 열어보고는 "어머? 이런 게 있었네?", "이게 여기 있었네?" 한다. 지난 1년 동안 사용하지 않았다고 해서 다 불필요한 물건은 아니다. 오히려 그간 제대로 사용하지 못해 아까울 지경이다.

이럴 땐 정리법을 바꾸어야 한다. 안에 뭐가 들었는지 안 보이는 수납장 대신 속에 뭐가 있는지 다 보이는 투명한 아크릴 수납함이 제격이다. 뭐가 어디에 있는지 파악할 수 있게끔 정리하는 것이다. 그러면 내가 가진 물건을 잊지 않고 그때그때 잘 쓸 수 있다.

이런 게 바로 '정리 요요' 없는 맥시멀 라이프의 비결이다. 잠깐 깔끔해 보이고 마는 그때뿐인 정리가 아닌, 내 물건을 두루두루 잊지 않고 사용하게끔 만들어주는 정리, 손 닿는 곳, 눈 닿는 곳에 둠으로써 바로바로 사용하고 제자리에 둘 수 있는 정리를 하는 것이다.

> "모두가 정리하는 방법이 다 똑같지는 않아요. 저는 성격이 굉장히 급하고 잘 깜빡깜빡하는 성격이거든요. 눈에 잘 보여야 되고, 사용하고 나서 빨리 정리를 해서 제자리에 갖다 놓을 수 있어야 해요. 그래서 쉽게 꺼내고 쉽게 제자리에 넣을 수 있게 밖에 나오는 형태로 정리를 한 거예요. 자신의 성격이나 라이프스타일에 맞춰서 정리 방법을 만들어가는 게 좋은 것 같아요."

나는 꼰대들의 블루스 씨의 이야기가 정리의 현답이라고 생각한다. 꼼꼼한 사람이 아닌데 백화점 매장처럼 정리한다고 그걸 잘 유지 할 수 있을까? 아닐 것이다. 그런 경우 정리를 하다가 짜증이 나고, 금세 지저분해지는 것에 또 스트레스를 받기 쉽다. 그렇게 정리와 점점 멀어지면 결국엔 나만 손해다. 나의 성격과 라이프스타일에 맞게, 함께 사는 가족들의 성향에 맞게 정리의 기준을 맞춰가는 과정을 거치다 보면, 자연스럽게 나만의 정리 기준과 패턴이 생겨난다. 그리고 그렇게 만들어진 '현실적인' 정리 시스템이 정리 요요를 자연스럽게 막아줄 수 있다.

나에게 온 물건은 내 손으로 수습한다

요즘은 물건을 사는 일이 너무 쉽다. 검색 한 번이면 최저가도 금방 찾을 수 있고, 결제 단계에서도 눈으로 한번 쓱 쳐다보기만 하면 순식간에 결제가 끝난다. 살까 말까 고민하는 시간 자체가 파격적으로 줄어들었다. 어쩌면 아예 고민할 틈도 주지 않으려는 것 같다.

주문을 하고 마음이 바뀌어 취소를 하려고 해도 배송은 또 어찌나 빠른지, 다음날 아침이면 문 앞에서 날 기다리고 있다. 장바구니에 담아두고 느긋하게 생각을 해보고 싶어도 '매진 임박', '5개 남음', '타임특가 종료 5분 전' 등의 메시지가 뜨면 '일단 사고 보자'는 심리가 튀어나와 나도 모르게 결제를 끝내버린다.

그렇게 산 물건들의 쓰임이 모두 훌륭할까? 모든 일이 그렇듯, 생각보다 잘 쓰게 될 때도 있고 생각보다 별로라 후회로 남을 때도 있다. 돈도 아깝고 시간도 아깝다. 무엇보다 그렇게 쌓인 물건들을 정리하는 내 에너지도 아깝고, 그 물건들이 차지하고 있는 나의 공간도 아깝다.

이러한 과정은 자취를 시작한 사람들이 자주 겪는 경험이기도 하다. 7평대 원룸에서 1인 가구로 사는 자취 2년 차 김혜원 씨[18]도 그랬다.

> "제가 첫 자취방을 꾸미면서 정말 많은 영상을 보고 이것저것 진짜 많이 사봤거든요. 물론 사고 난 후 잘 쓰고 있는 물건도 있지만 다 그런 건 아니에요. 사고 나서 후회하는 물건들도 많았어요."

다른 사람들이 쓰는 게 좋아 보여서, 너무 예뻐서, 편리해 보여서 등 무언가를 사는 이유는 수도 없다. 문제는 그 물건이 우리 집에 왔을 때 잘 어울리고 나의 라이프스타일과 잘 맞느냐이다. 구매가 성공했을 땐 좋은 물건을 발견한 기쁨이 커서 그런 물건을 또 찾기 위해 손품을 팔고 실패했을 땐 나와 더 잘 맞는 걸 찾기 위해 또 시간과 돈을 쓴다. 그렇게 나의 공간이 점점 좁아진다.

이때 많은 사람이 미니멀 라이프를 떠올린다. 갑자기 내 공간이 답답하게 느껴지면서 내가 샀지만 마음에 안 드는 것, 제대로 써본 적도 없는 것, 어쨌든 안 쓰는 것들을 비운다. 어차피 살 때도 크게 고민하지 않았고, 그 물건과 나 사이의 애착도 거의 없기에 버리는 데에도 크게 미련이 없다.

하지만 이렇게 쉽게 사고 쉽게 비우는 행위는 물건에 대한 마음가짐을 더 가볍게 만들 수 있다. 고민 없이 사고 미련 없이 버리는 일은 재테크의 관점에서도, 지구의 관점에서도 그리 좋은 선택이 아니다. 나에게 온 물건에 대해 책임감을 갖고 최대한 활용하는 '수습의 단계'를 거쳐봐야 한다.

> "제가 사는 집은 7평대라 어쨌든 집 자체가 작기 때문에 활용을 잘 하자 생각해서 정리를 하게 됐어요. 자취 1년 차 때는 이것저것 해보고 싶어서 막 샀다면, 자취 2년 차 때는 수습을 한다고 해야 하나?"

신혜원 씨는 자신이 들인 물건을 무조건 비우기보다 수습하는 마음으로 최대한 활용하려 노력하며 정리를 하고 있었다. 혜원 씨가 사는 원룸의 규모가 크지 않아 그 물건들을 싹 비우면 훨씬 넓어지긴 하겠지만 그렇게 비우기만 하다가는 또다시 물건을 사는 악순환이 반복될 수 있다. 이때 그동안 방치 중이었던 물건을 충분한 시간을 들여 활용해보는 '수습의 시간'을 거치면 설사 비우게 되더라도 다시 찾을 일이 없다.

이런 수습의 시간 동안은 일시적으로 맥시멀 라이프의 모습을 할 수도 있다. 그래도 물건을 쉽게 사고 쉽게 버리기보다는 수습의 단계를 거쳐야 같은 실수를 반복하지 않는다. 내가 산 물건을 내 손으로 수습하는 정리 또한 내 몫이라는 것을 기억하자. 그 과정에서 당신의 정리 습관은 한층 더 업그레이드될 것이다.

정리의 목표는 언제나 '나의 행복'에 있다

한 남자가 있었다. 그의 집에 있던 냉장고는 제 역할을 하지 못했다. 그가 썩은 음식을 그대로 넣어둔 채 방치하고 있었기 때문이다. 그 남자를 좋아했던 한 여자는 남자에게 묻지도 않고 남자가 잠시 집을 비운 사이 썩은 음식을 싹 버린 후 냉장고 청소까지 해주었다. 뒤늦게 그 사실을 안 남자는 절망하며 울었다. 그 오래된 음식은 어머니가 돌아가시기 전에 그에게 마지막으로 해주신 반찬들이었기 때문이다.

이 이야기는 내가 꽤 오래전에 봤던 어느 웹툰의 내용이다. 남자 주인공은 늘 표정도 우울하고 집 정리도 안 하는 사람처럼 묘사됐는데, 그 이유가 밝혀지자 독자들은 함께 오열했다.

이 웹툰처럼 남들이 볼 땐 정리가 필요해 보이는 물건이 누군가에겐 굉장히 소중하고 사연 있는 물건인 경우가 있다. 그 사연을 알지 못하는 사람들이 너무 쉽게 '정리해라', '버려라', '비워라' 등의 조언을 하곤 한다. 맥시멀리스트를 그냥 온갖 물건을 이고 지고 사는 사람으로 쉽게 오해한다. 그러나 세상 모든 일을 그렇게 나의 기준으로만 판단하면 곤란하다.

딸 둘을 모두 키워내고 남편과 둘이 40평대 아파트에서 지내는 50대 전업주부 박희경 씨[19]도 이런 오해를 받기 쉬웠다. 꽤 넓은 집에서 두 명이 사는데도 짐이 상당히 많은 편이었기 때문이다. 특히 그릇의 종류와 규모가 대단했는데, 시집올 때 이바지 떡을 담았던 쟁반이나 30년 전에 사용했던 접시까지 전부 보관 중이었다. 버리지 못하는 사람이어서가 아니다. 지금은 네 번으로 줄였지만 1년에 제사만 16번을 지내던 박희경 씨에게 과거의 물건들은 여전히 쓰임이 있을 뿐만 아니라 소중한 추억이 깃들어 그 자체로 존재 이유가 있기 때문이다.

"버리기 전에 한 번 더 생각을 해요. '저게 버려질 물건인가?' 며칠 생각하다가 정말 버려야 될 것 같으면 그때 버려요. 쓸 수 있는 물건이 너무 많아요. 물건에는 내가 살아온 흔적들이 있어요. 나와 함께 고생도 하고 웃기도 하고 망가지기도 하고 그런 것들이 눈에 보여요. 물건이 바로 나예요. 딸이 어렸을 때 신었던 신발이나 제가 예전에 썼던 카메라 등을 담은 추억 용품 궤짝이 있어요. 그 물건들이 점점 늘어서 궤짝이 세 개나 됐어요. '버려도 되는 건데 왜 끌고 다니지?' 하시는 분들도 있을 거예요. 그렇지만 그 물건들은 저랑 같이 살아왔고 제게는 쓸모가 있어서 버리지 않아요."

이렇듯 정리는 나 자신의 행복을 먼저 찾는 일부터 시작되어야 한다. 앞서 언급한 것처럼 '과거에 대한 집착'이 현재 나의 행복을 방해해 정리가 필요한 경우도 있다. 하지만 존재 자체로 나에게 행복을 주는 물건이 있다면 그 물건은 나에게 가치가 있는 물건이다. 누군가는 사진으로 찍어서 남기고 물건은 비우라고 조언하지만, 그렇게 생각하지 않는 사람도 있는 것이다. 정리에 정답은 없으니 말이다. 나와 함께 세월을 견뎌준 물건에 대한 애정이 남다르고, 그 물건을 깨끗하고 반질반질하게 윤이 날 정도로 관리하는 사람이라면 억지로 비울 필요는 없다고 생각한다.

이 세상에 나에게 상처와 아픔을 주는 존재와 순간들이 있듯 나에게 기쁨과 즐거움, 위안을 주는 존재가 있지 않은가. 그게 제 쓸모를 다한 물건이라 하더라도 내 곁에 둠으로써 행복하다면 굳이 비우지 않아도 괜찮다. 다만 내가 생활하는 데 불편하지 않도록 정리를 잘해야 한다는 전제가 깔려 있어야 한다. 박희경 씨의 손길이 닿아 반짝이는 얼굴로 정확히 제 자리를 지키고 있는 살림들처럼 말이다.

집안 정리를 할 때 나에게 의미 있는 추억의 물건들을 아예 한 공간에 전시하는 분들도 있다. 더 이상 쓰지 않는 삐삐, 나의 첫 휴대전화, 아이가 어릴 때 어린이집에서 만들어온 작품 등을 깔끔하게 전시해두고는 힐링이 필요할 때마다 들여다본다. 대단히 넓은 공간이 필요하지도 않다. 책꽂이 한 칸, 주방 수납장 한 칸 정도면 충분하다. 그러나 힐링의 효과만큼은 그 무엇보다 강력하다. 이처럼 내 마음에 즐거움과 위안을 주는 물건을 과연 가치 없다고 말할 수 있을까?

물건에 깃든 애정을 알지 못하는 사람들에게는 그것들이 지저분해 보일 수도 있다. 하지만 정리는 타인에게 인정받기 위한 행동이 아니다. 나에게 귀하고 나를 행복하게 하는 물건까지 비워야 할 정도로 엄격하게 해야만 하는 것도 아니다. 정리의 중요한 또 다른 기준으로 '깔끔함' 외에 '나의 행복'을 생각해보자. 나는 나의 추억과 낭만과 즐거움을 깔끔함 하나 때문에 다 포기하지 않아도 된다고 말하고 싶다.

영상으로 더 자세히 보기

15. 최정옥 씨
전국살림자랑 ep.5

16. 하얀신여성 씨
전국살림자랑 ep.19

17. 꼰대들의 블루스 씨
전국살림자랑 ep.22

18. 김혜원 씨
전국살림자랑 ep.42

19. 박희경 씨
전국살림자랑 ep.41

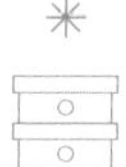

깔끔한 가방 수납을 위한 가방 걸이

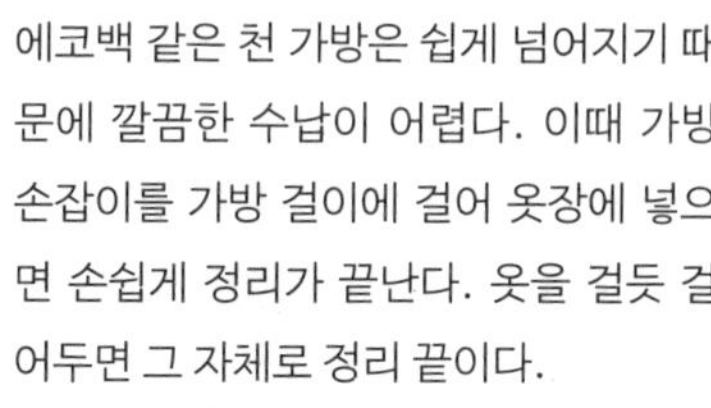

에코백 같은 천 가방은 쉽게 넘어지기 때문에 깔끔한 수납이 어렵다. 이때 가방 손잡이를 가방 걸이에 걸어 옷장에 넣으면 손쉽게 정리가 끝난다. 옷을 걸듯 걸어두면 그 자체로 정리 끝이다.

모든 곳을 수납 공간으로 만들어주는 부착형 서랍

서랍이 없는 곳에 부착형 서랍을 달아주면 내가 원하는 서랍이 뚝딱 생긴다. 수저보관함, 빨대보관함 등 다양한 서랍을 원하는 만큼 만들어 수납하면 동선에 맞게 정리가 편해진다.

식당 냉장고 같은 깔끔한 정리를 도와주는 진공 포장기

진공 포장기를 활용해 식재료를 보관하면 신선한 상태로 오래 먹을 수 있는 것은 물론이고 냉장고 정리도 깔끔하게 할 수 있다. 식재료를 낭비하지 않으면서 정리도 쉬운 일석이조의 효과를 주는 아이템이다.

냉장고 안 공간 절약을 위한 서랍형 거치함

장을 본 후 식재료 정리도 손이 매우 많이 가는 일이다. 특히 달걀을 일일이 옮기는 건 꽤 귀찮은데, 이때 달걀 한 판을 그대로 담아 거치할 수 있는 서랍형 냉장고 거치함을 사용하면 시간과 공간을 절약할 수 있다.

전선이 필요 없는 LED 조명 바

서랍장이나 수납 선반이 어두우면 아무리 정리를 해도 물건을 찾기 힘들다. 이럴 때 옷장에 LED 조명 바를 부착하면 정리도 쉽고 분위기도 살려주는 역할을 한다.

문 대신 활용 가능한 블라인드

문이 없는 수납장처럼 정리 공간이 노출되어 있으면 자칫 지저분해 보이기 쉽다. 이때 문 달린 수납장을 새로 사는 대신 블라인드를 설치하면 충분히 보완이 된다. 무타공 블라인드는 설치도 매우 간단하다.

무거운 짐도 부드럽게 꺼내주는 밥통 레일

주방 하부장이 깊으면 안쪽에 수납한 물건을 꺼내기가 무척 불편하다. 이때 슬라이딩 서랍처럼 사용할 수 있는 밥통 레일을 활용하면 무거운 물건도 손쉽게 꺼낼 수 있다.

위생적인 보관을 가능하게 하는 쌀통

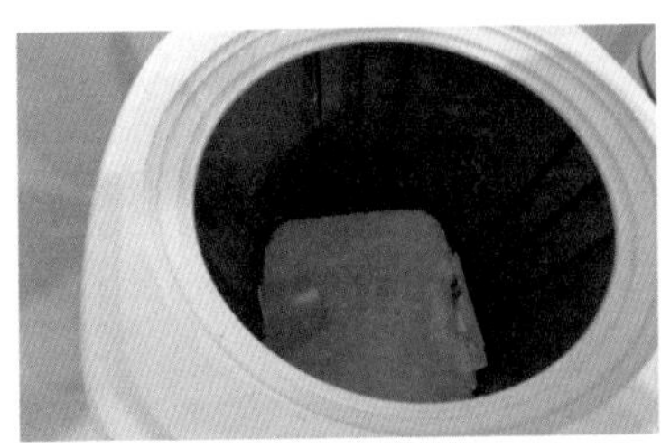

식재료 정리의 기본은 위생이다. 요즘은 식재료를 진공 상태로 보관해주는 제품이 많이 나와 편리한데 쌀통도 진공 상태로 보관하면 벌레 걱정 없이 오래 두고 먹을 수 있다.

효율적 공간 활용을 위한 2 in 1 제품

좁은 집엔 선풍기만 두어도 복잡해 보인다. 이때 LED 조명과 서큘레이터가 결합된 제품이 좋은 대안이 될 수 있다. 이러한 다용도 제품은 정리와 공간 활용에 큰 도움을 준다.

수저 정리를 한눈에, 사선 수저 정리함

주방 서랍장에 수저를 정리할 때 깔끔하게 하고 싶다면 사선으로 된 수저 정리함을 사용해보자. 흐트러지지 않으면서도 한눈에 들어오는 정리가 가능해진다.

초보 식집사를 위한 수분 측정기

식물 키우기에 자신이 없다면 화분 수분 측정기를 추천한다. 화분에 꽂아두기만 해도 수분 측정이 가능해 물을 주어야 할 때를 제대로 파악할 수 있다.

옷장 구석까지 모두 활용하게 해주는 슬라이딩 하의 걸이

드레스룸을 좀 더 효율적으로 정리하고 싶다면 하부 선반장에 달 수 있는 슬라이딩 하의 걸이를 사용해보자. 몸을 숙이지 않고도 쉽게 옷을 꺼낼 수 있을 뿐만 아니라 손이 잘 닿지 않는 안쪽 공간까지 효과적으로 활용할 수 있다.

우리집 신발장을 신발 매장처럼

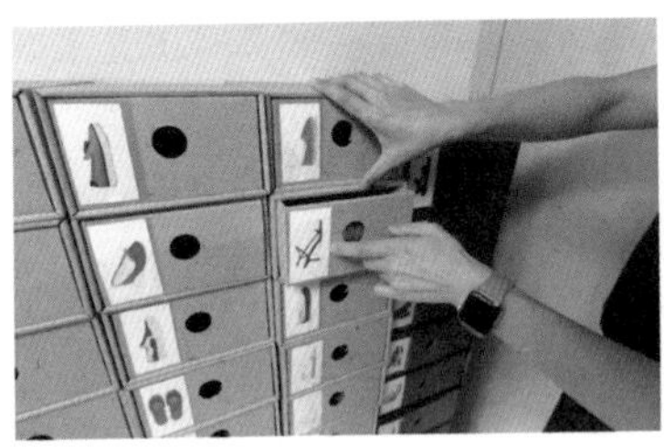

보관 중인 신발이 많다면 서랍형 신발 박스를 사용해보자. 이때 신발 이미지를 출력해 서랍에 붙여두면 일일이 열어보지 않아도 내가 원하는 신발을 한 번에 찾을 수 있어 편리하다.

모든 면이 활용 가능한 회전 책장

수납력이 좋은 제품을 사용하면 억지로 물건을 비우지 않아도 된다. 책은 공간을 많이 차지하는 물건 중 하나인데 한 번에 200권을 꽂을 수 있는 회전 책장을 사용하면 공간 절약에 효과적이다.

귀찮은 정리를 손쉽게 해결해주는 투명 보관함

양말 개키는 게 너무 귀찮다면 같은 색 양말을 여러 개 사서, 양말을 그대로 보관할 수 있는 투명 보관함에 넣어보자. 건조된 양말을 그대로 넣기만 하면 정리 끝이다.

공간에 구애받지 않고 쓸 수 있는 타월 꽂이

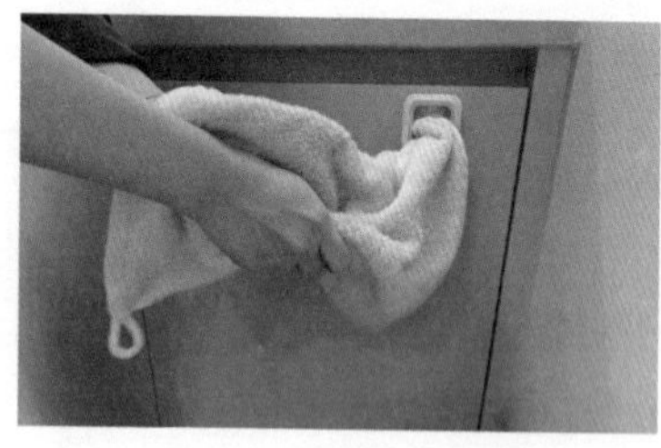

주방에서 손을 닦는 타월의 자리를 잡아주지 않으면 주방이 지저분해 보이기 쉽다. 별다른 고리 없이 타월 끝을 꽂는 형태로 나온 이 제품은 사용도 편리하고 예쁘다.

못질 할 수 없는 곳에 사용하는 아트월 브라켓

거실의 아트월도 잘 활용하면 아주 좋은 선반 거치대가 된다. 무타공 아트월 브라켓은 꽂아 주기만 하면 선반이 되는데 그때그때 전시하고 싶은 소품이나 거실에 꼭 필요한 물건을 수납하면 좋다.

걸 수 있는 곳에 걸어주면 끝, 바디워시 홀더

욕실 공중 부양계의 잇템, 샴푸 및 바디워시 홀더. 제품 입구에 고정해주고 원하는 곳에 걸어두면 물때 걱정 없이 깔끔하게 욕실용품을 관리할 수 있다.

공간 낭비를 없애주는 1인용 법랑

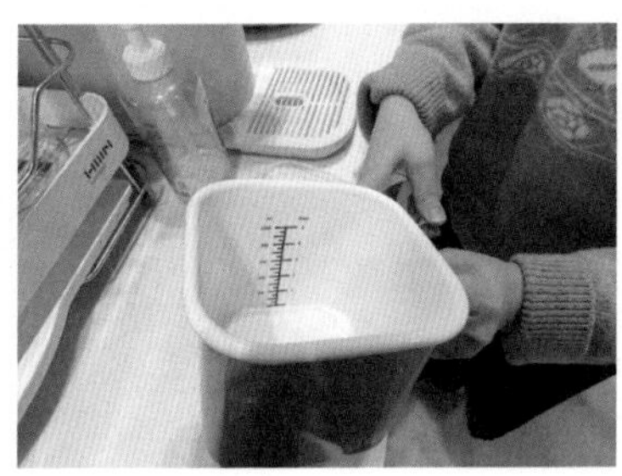

국이나 찌개가 애매하게 남았을 때 냄비 그대로 냉장고에 넣어두면 공간 낭비가 심하다. 이럴 때 가열이 가능한 1인용 법랑 냄비를 사용하면 여기저기 옮겨 담지 않고도 남은 음식을 편하게 정리할 수 있다. 게다가 바로 데워 먹을 수 있어 더 좋다.

나만의 정리가 아닌 우리의 정리가 되는 법

1인 가구의 정리는 모든 걸 혼자 결정하고 실행하면 되기에 상대적으로 쉬운 편이다. 하지만 결혼 등으로 1인 가구에서 2인 가구로, 또 아이가 태어나면서 3인 혹은 4인 가구로 삶의 패턴이 계속해서 바뀌면 그때마다 기존에 실행하던 정리법을 그대로 고수하기가 매우 힘들어진다. 가족 구성원의 정리 습관과 정리 스타일이 다 나와 같지 않기 때문이다.

"치우는 사람 따로 있고 어지르는 사람 따로 있다."는 말이 괜히 나온 게 아니다. 그만큼 가족 구성원의 정리력에는 편차가 있기 마련이고 그 편차가 크면 클수록 갈등의 불씨도 커진다.

하지만 꼭 알아야 할 점이 있다. 정리를 하는 이유는 바로 나와 우리 가족의 행복을 위해서라는 것 말이다. 서로의 행복을 위한 정리가 서로를 지적하고 비난하는 정리로 이어져서는 안 된다. 정리를 위한 정리가 아닌, '우리를 위한 정리'가 되어야 한다는 점을 잊지 말자.

무조건 나만의 정리 방식을 강요하거나 혼자서 만든 규칙을 따르도록 요구해서도 안 된다. 가족 구성원의 성향에 맞게, 함께 동의한 방식에 따라 서로 정리 습관을 맞춰가야 한다. 내가 사는 곳이 나만의 공간이 아닌, '우리'의 공간임을 인지한다면 충분히 가능한 일이다.

순한맛 1단계: 강요가 아닌 솔선수범

나그네의 옷을 벗긴 건 매서운 바람이 아니라 따뜻한 햇볕이었다는 '햇님과 바람' 이야기를 기억할 것이다. 이 이야기는 우리 가족의 정리 습관을 만드는 데에도 아주 큰 교훈을 준다. 정리를 잘 하지 못하는 가족에게 억지로 정리하라고 강요만 한다면 어떤 일이 벌어질까? 매서운 바람에 옷깃을 더 꽁꽁 여민 나그네처럼 도리어 정리에 반감이 생길 수 있다. 이럴 때는 강요가 아닌 솔선수범을 통해 자연스럽게 정리 습관을 기르는 쪽으로 유도해야 한다.

정리를 좋아하는 사람이 있듯 정리하기를 별로 좋아하지 않는 사람도 있다. 함께 산다는 이유로 정리를 싫어하는 사람에게 무턱대고 정리 습관을 요구하는 것은 문제가 될 수 있다. 가족이니까 나에게 맞춰야 한다는 생각은 옳지 않다. 나 역시 가족 구성원으로서 정리를 좋아하지 않는 가족의 마음을 헤아릴 수 있어야 한다. '정리는 필요한 일이니까', '정리는 나만이 아니라 우리 가족 모두를 위한 일이니까' 등의 이유가 당장은 합당하게 느껴지겠지만 꼭 그렇지도 않다. 정리보다 더 중요한 건 나와 가족 사이의 관계이기 때문이다.

자녀를 다 키우고 현재 남편과 둘이 살고 있는 50대 후반의 '속초댁' 씨[20]는 아이들이 어릴 때 정리에 대해 지나치게 강조하고 강요했던 부분이 깊은 후회로 남는다고 했다. 아무리 가족이라 해도 성향이 다 다른데, 아이가 어리니까 무조건 부모의 말을 따르라고 강요했던 것이다. 그런 의사소통 방식은 가족의 정리 습관이 함께 길러지기는커녕 불화의 원인이 되기 십상이다.

"또 방 어질렀지? 당장 안 치우면 혼난다!" 같은 잔소리를 하기는 너무 쉽다. 하지만 그런 쉬운 길이 자칫 가족 구성원 간의 사이를 나쁘게 만들 수 있다. 그렇게 관계가 어긋한 후에는 정리도, 대화도, 소통도 다 어려워진다.

정리는 수단이고 행복은 목표다. 그런데 수단에서부터 삐거덕거리면 목표는 저만치 멀어지고 만다. 강요는 다른 가족 구성원들을 존중하는 태도가 아니기 때문이다. 가장 기본적인 접근 방법은 결국 솔선수범이다. '내가 정리를 좋아하니까 내가 먼저 한다'는 마음으로, 우리 가족이 깨끗하고 쾌적한 공간에서 생활하길 바라는 마음으로 정리를 하다 보면 아이들도 자연스럽게 보고 배우며 따라 하는 시기가 온다.

중학생 딸 둘을 둔 40대 워킹맘 조희원 씨는 실제로 이와 같은 방법으로 정리를 시작했다. 아이들이 어릴 때 장난감을 가지고 놀다가 잠이 들면, 아이들이 자는 동안 정리를 해두는 방법이다. 아이들은 그렇게 집이 항상 정리된 풍경에 익숙해 중학생이 된 지금은 알아서 정리를 잘하게 되었다고 한다. 정리가 좋아서라기보다는 살다 보니 자연스럽게 정리 습관이 몸에 밴 것이다. 아이들은 본능적으로 자신이 자주 봐왔던 행동을 따라 하기 마련이다. 어떤 일이든 잔소리로 듣고 '해야 할 일'로 지시를 받으면 오히려 거부감을 느끼며 하기 싫어한다. 원래 하려고 했던 일마저 지시를 받으면 갑자기 하기 싫어지는 법이다.

그러니 정리에 관심이 없거나, 정리의 필요성을 크게 느끼지 못하는 가족 구성원에게 내가 원하는 식의 정리를 처음부터 제대로 따라 해달라고 요구하기보다 상대방이 내 속도에 발을 맞출 수 있을 때까지 기다려주는 게 더 낫다. 그리고 이러한 기다림은 아이뿐만 아니라 배우자의 경우에도 마찬가지다. 생활 습관이 전혀 다른 두 사람 중 조금이라도 정리를 더 좋아하고 관심 있는 사람이 정리를 주도적으로 하면 좋다. 정리에 익숙하지 않은 사람이 편하게 수납을 할 수 있도록 동선을 효율적으로 배치해주는 것도 방법이다. 그러다 보면 정리에 관심 없던 사람도 옷을 찾거나 필요한 물건을 꺼내 쓸 때마다 배우자의 이러한 배려를 느끼게 될 것이다.

좋아하지 않는 일을 강요받을 때 사람은 누구나 스트레스를 받는다.

정리에 크게 관심이 없는 배우자에게 지금 당장 정리 습관을 기르라는 요구 역시 큰 스트레스가 될 수 있다. 그러니 우선은 내가 먼저 배려가 담긴 정리를 함으로써 최대한 스트레스 받지 않고 정리의 길을 갈 수 있게 도와줘야 한다. 이러한 배려와 존중의 태도가 전달되면 정리 때문에 갈등을 겪는 일은 거의 일어나지 않을 것이다.

때로는 정리를 좋아하는 사람이라서 다른 가족 구성원이 정리에 관심이 없을 때 오히려 편안함을 느끼기도 한다. 그들이 하얀 도화지와 같은 상태라 자신의 정리 기준과 방식을 자유롭게 펼칠 수 있기 때문이다. 그리고 이런 식으로 나부터 정리하는 솔선수범의 시간들이 켜켜이 쌓이면 다른 가족 구성원들도 자연스레 외투를 벗는 나그네가 된다. 결국 열린 마음으로 집 안의 정리 동선과 규칙을 따르게 될 것이다.

순한맛 2단계: 표현하고 인정해주기

집안 살림을 생활하기 편리하고 사용하기 좋게 정리 정돈하는 일은 당장 돈을 버는 일만큼 시급한 일은 아니다. 월급처럼 꼬박꼬박 통장에 돈이 꽂히는 일도 아니다. 그래서 나와 가족을 위해 분주하게 집 안을 정리하지만 그 수고로움을 가족들에게 인정받기란 말처럼 쉽지 않다.

하지만 반대의 경우, 그러니까 집이 충분히 휴식을 취할 수 없을 정도로 산만하고 지저분하다면 이야기가 달라진다. 퇴근 후 피곤한 몸을 이끌고 겨우 집으로 돌아왔는데 방이 난장판이라 몸 편히 누울 곳이 없다면? 그래서 방전된 에너지를 충전하지도 못한 채 선잠을 자고 아침을 맞이했다면? 출근할 때 필요한 옷과 양말, 신발, 가방 등을 한 번에 찾지 못해 정신없이 집에서 뛰쳐나갔다면? 결국 회사에서도 집중력이 떨어져 업무를 제대로 하기가 힘들어진다.

다시 말해 정리된 공간은 개인의 '생산성'과 밀접한 관련이 있다. 생산성이 떨어지면 돈을 버는 일에도 지장을 받는다. 출근할 때 입을 옷을 찾느라 자주 지각을 하거나, 필요한 물건을 못 찾아서 중요한 시간을 자꾸만 빼앗기거나, 관리가 안 된 탓에 후줄근해진 옷을 입고 일터에 나가는 일상이 반복된다고 생각해보라. 이래서는 될 일도 안 된다.

이러한 생활은 전부 집 안의 정리 정돈과 밀접하게 연결되어 있다. 결국 내가 일상생활을 이렇다 할 문제없이 잘 살아가고 있다면 그건 우리 집 가족 구성원 중 누군가가 정리에 큰 기여를 하고 있다는 뜻이다. 그러니 그 기여를 꼭 인정해주고 고마움을 전해야 한다.

"말을 안 했다 뿐이지, 다 알고 있어요."

이런 말은 넣어두자. 다 알고 있는 그 사실을 서로가 표현하고 인정해줄 때 가족 구성원의 정리에 합이 맞아가는 법이다. 가족 구성원이 좀처럼 표현해주지 않는다면 표현을 해달라고 유도하는 것도 좋다. 만약 표현을 했다면 그 표현에 내가 얼마나 감동을 받았는지도 표현해주자. 그러면 가족 간에 아주 좋은 대화가 이루어진다.

남편, 열한 살 딸과 함께 사는 30대 후반의 워킹맘 김문선 씨[21] 역시 가족에게 이러한 인정의 말을 들었을 때 가슴이 뭉클했다고 한다. 자신이 정리에 들인 노력을 칭찬해주는 남편과 딸의 말이 감동으로 다가왔다고 그녀는 말했다.

내가 하지 않은 상태에서 우리 집이 잘 정리되어 있다면 그건 내가 아닌 다른 가족 구성원이 그 일을 했다는 뜻이다. 그런데 그런 수고로움을 인정해주지 않는다면 큰 문제가 될 수 있다. 인정받지 못하는 일을 계속하는 것만큼 보람 없는 일도 없으니 말이다. 더군다나 말에는 힘이 있어서 집을 정리한 것에 대한 고마움을 말로 표현하고 나면 나도 가족을 위한 정리에 동참하기가 한결 수월해진다. 딱 짚어 표현한 덕분에 나를 배려한 정리가 더 크게 다가오고, 나 역시 기꺼이 손을 움직일 마음이 생긴다.

문선 씨는 여기서 한 걸음 더 나아가 가족들이 자기도 모르는 사이에 정리를 할 수 있도록 했다. '직관적인 정리'가 그 해법이었다. 예를 들어 남편이 자꾸만 양말이 어디에 있느냐고 묻는다면, 더는 물을 필요가 없게 제일 잘 보이는 위치에 양말을 정리해두는 것이다. 찾으려 하지 않아도 바로 눈에 보이니 일일이 물을 일이 사라질 수밖에 없다.

옷장에도 여유 공간과 여분의 옷걸이를 두었는데, 가족들이 그 상황에선 귀찮아도 직접 옷을 걸 수밖에 없다고 했다. 깔끔하게 정리된 공간에 내가 '최초로' 옷 무덤을 만들기는 어렵기 때문이다. 이러한 직관적인 정리의 효과는 어린 딸에게도 고스란히 전해졌다. 아이는 이미 어머니의 손을 빌리지 않고 스스로 자신의 방을 정리하는 습관이 들어

있었나

여기서 핵심은 '직관적인 정리'보다 '가족들의 인정'이 우선이라는 점이다. 서로의 노력을 인정해주는 관계여야 서로를 배려하는 정리가 즐겁게 이루어질 수 있다. 그렇게 가족 구성원들이 서로를 위해 노력하고 그것을 인정해주면 또다시 인정받기 위해 계속 노력하는 선순환이 자연스럽게 만들어진다.

보통맛 1단계: 상대의 영역을 존중하되 최소한의 약속을 지킨다

나는 깔끔하게 정리를 하고 싶은데, 가족 구성원 중에 정리를 싫어하는 사람이 있다면 어떻게 해야 할까? 정리 습관을 기르도록 유도해보려 해도 다 큰 성인의 경우 20년 넘게 정리 습관이 전혀 없던 사람이 갑자기 정리 습관을 기르기란 쉽지 않다. 이런 문제는 이제 막 결혼을 한 신혼부부 사이에서 자주 나타나곤 하는데, 이렇게 가족 구성원 간에 성향이 정반대일 때 쓸 수 있는 합리적인 대안이 있다.

바로 흑도 아니고 백도 아닌, 회색 지대를 만드는 것이다. 회색 지대란 충돌을 막는 일종의 범퍼와도 같은 개념으로 평화 구역을 의미한다. 정리파에겐 눈을 감을 수 있는 허용선이자, NO 정리파에겐 마음 편한 공간이다.

신생아를 키우는 3인 가족의 가장인 30대 직장인 '노멀남편' 씨[22]는 어릴 때부터 습관이 잡힌 정리파다. 하지만 아내는 그와 대척점에 있는, 그야말로 정리에 관심도 소질도 없는 NO 정리파였다. 깔끔하게 정리된 집에서 생활하고 싶었던 그는 회색 지대를 적극적으로 활용하기로 했다.

> "정리에 취미가 없거나 정리에 의미를 부여하지 않는 사람들도 되게 많아요. 제 방식을 강요하다가는 싸우기밖에 더 하겠나 하는 생각이 들어서 여기는 마음대로 다 집어넣어도 된다는 컴포트존을 아내에게 만들어줬어요."

사람의 타고난 성향 자체를 개조하기란 쉬운 일이 아니다. 더구나 정리는 저마다 나름의 철학이 있는 분야인 만큼 '정리를 하거나, 하지 않거나' 같이 흑백 논리로 접근해버리면 무척 곤란하다.

이럴 때는 노멀남편 씨의 방법이 괜찮은 해법이 될 수 있다. 깔끔한 정리를 버거워하는 가족 구성원에게 그들만의 편안한 공간을 만들어 주는 것이다. 우리 집에는 도저히 그런 공간을 만들어줄 여유가 없어서 고민인가? 공간을 너무 거창하게 생각할 필요는 없다. 서랍장 한 칸을 만들어주기만 해도 충분하다.

노멀남편 씨는 냉동실도 자신과 아내의 칸을 구분해서 사용하고 있었다. 각자의 공간은 칼각과 무질서가 아주 극명하게 나타났지만, 자

씨의 공간 위에는 어지르지 않는다는 최소한의 약속을 잘 지키는 아내 덕분에 노멀남편 씨의 집은 전체적으로 깔끔하면서도 서로가 평온하게 공존하며 살고 있었다.

그렇다면 대화가 쉽지 않은 사춘기 자녀는 어떨까? 가족회의까진 아니더라도 10대 아이들의 정리 협조를 순조롭게 이끌어내려면 어떻게 해야 할까? 이때는 아이들 대부분이 자신의 방을 따로 쓰고 있기에 방 전체를 회색 지대로 인정해주기에는 곤란한 점이 많다. 본인이 잘 정리하지도 않으면서 남들이 치우지도 못하게 하면 점점 더 감당하기 어려운 수준으로 엉망이 될 수 있기 때문이다. 게다가 10대 아이들은 학교가 끝나고 학원까지 다니는 경우가 많아 밤늦게 집에 오고, 주말에도 해야 할 과제가 많아 늘 시간이 부족하다. 적극적으로 정리에 참여할 시간이 없다.

이럴 때는 아이들에게 억지로 정리 습관을 강요하기보다는 비우는 습관을 먼저 갖도록 유도하는 게 좋다. 한 학기가 끝나고 방학이 시작되면 더 이상 보지 않는 책들이나 필요 없는 물건들을 방 앞에 내놓게 해보자. 1년에 적어도 두 번은 대대적인 비움을 하는 셈인데, 이 정도만 해도 방이 무질서하게 방치되지 않는다.

정리를 안 한다고 잔소리하는 대신, 아이들이 학교에 갔을 때 내 맘대로 정리하고는 기어이 다투는 대신, 아이들이 직접 불필요한 것들을 비울 수 있게 해주자. 정기적인 기간만 정해두어도 그 효과는 생각보다 크다.

가족 구성원이 전부 나와 같은 정리 성향이나 습관을 가질 순 없다. 그렇다고 해서 강요하거나 포기할 필요 또한 없다. 서로의 성향을 존중하는 태도에서 시작해 함께 공존할 수 있는 최소한의 약속을 만들어 이행하기만 하면 된다. 단, 약속을 했다면 그것만큼은 꼭 지키겠다는 전제는 필수다.

보통맛 2단계: 정리 규칙을 놀이처럼 만든다

정리의 어려움에 대해 이야기할 때 결혼을 하고 부모가 된 사람들이 입을 모아 말하는 게 바로 수납과의 전쟁이다. 아이 짐이 갑자기 늘어나면서 정리할 공간이 절대적으로 부족해지기 때문이다. 아이가 한 명일 때도 아이의 짐이 급격히 느는데, 아이가 여럿인 집은 두말할 필요도 없다. 그래서 다자녀 집일수록 자녀가 어릴 때부터 정리 습관을 기를 수 있도록 해주어야 한다.

말로는 쉽지만 막상 실천하기는 어려운 것이 정리인데, 어떻게 해야 아이에게 정리 습관을 심어줄 수 있을까? 해답은 의외로 간단하다. 아이의 눈높이에서 생각해보면 된다. 아이들은 놀이를 좋아하고, 툭하면 심심하다는 말을 입에 달고 살지 않던가. 그렇다면 정리도 놀이처럼 접근하면 된다.

초등학교 입학 전인 세 아들을 키우는 30대 워킹맘 주은정 씨[23]는 첫째와 둘째가 다 놀고 난 다음에 '치우자 치우자' 시간을 갖는다. '술래잡기', '가위바위보'처럼 치우는 정리 행동에도 '치우자 치우자'로 이름(아주 독특하고 특별할 필요도 없다)을 붙여 일종의 놀이처럼 접근했다. 이렇게 치우는 것까지 하나의 놀이로 인지하면 정리에 대한 거부감이 생기지 않는다.

이때 핵심은 아이들이 치울 때 지나치게 참견을 하거나 간섭하지 않는 것이다. 아이들이 즐겁게 놀 때처럼 정리하는 모습을 그냥 지켜봐주면 된다. 한마디로 아이들의 정리에 자율성을 주는 것이다.

은정 씨의 아이들은 마음대로 정리를 하게 했더니 자기들만의 분류법을 정해 장난감을 정리했다. 피카츄는 피카츄끼리, 기차는 기차끼리 캐릭터별로 자신들의 룰을 만들었다고 했다. 표기만 하지 않았을 뿐이지 아이들이 알아서 라벨링을 한 것이다.

정리를 할 때는 '어떻게 해야 다시 꺼낼 때 더 편리할까', '어떻게 해야 더 효율적일까'를 자연스럽게 고민하게 되는데 자율성을 부여하면 그 고민을 적극적으로 하도록 만들어준다. 그러니 아이들이 알아서 할 뿐만 아니라 창의적으로 생각하며 정리하길 바란다면 '이건 여기에 놓고 저건 저기에 꽂아라' 식의 참견은 내려놓길 바란다. 또한 아이들은 아직 손끝이 야무지지 못해 아무리 정리해도 어른의 눈에는 다소 부족할 수 있다. 이때도 섣부른 참견은 절대 금물이다.

아이들이 정리해둔 결과물이 별로라도 일단은 잘했다고 칭찬해주자. 정리를 하는 행동 자체는 정말 좋은 것이 아닌가. 그 결과물이 엉성하다고 부모가 다시 손을 대면 아이들은 자신의 정리가 잘못됐거나 스스로 부족하다고 인식해 부정적인 피드백을 받는다. 아이든 어른이든 자신이 잘 못하는 것에는 금세 흥미를 잃기 마련이다.

정리는 단순한 살림의 스킬이 아니다. 정리는 한 가정 안에서 가족 구성원들이 함께 하는 공동의 행위이자, 서로를 위해 내 몫을 하는 동참의 규칙이다. 이 룰이 잘 작동되기 위해서는 정리 요령이나 기술을 익히기보다 가족 내에서의 신뢰와 사랑을 쌓는 게 우선이다. 어른들에게는 아주 사소하게 여겨질지 몰라도, 아이들은 자신이 정리하는 걸 지켜봐주고 잘했다고 칭찬하는 부모에게 사랑과 신뢰를 느낀다. 그 감정을 괜한 간섭으로 깨지 말았으면 좋겠다. 어설픈 아이들의 뒷정리 솜씨는 시간이 해결해준다. 아이가 자라면서 점점 손끝이 여물어지고 더 확실한 자기만의 정리 기준이 생길 테니 말이다.

매운맛 1단계: 명확히 알려준다

정리에 아이들을 동참시킬 때 나이가 어린 자녀라면 앞선 방법처럼 놀이로 접근하는 것이 가장 좋다. 하지만 이미 머리가 커져서 자기 고집이 생긴 나이의 자녀라면 어떻게 해야 할까? 말을 알아듣는 나이가 됐어도 "정리 좀 해."라는 말은 쉽게 먹히지 않는다. 그렇다고 아이들이 보는 앞에서 일일이 정리를 해주는 것에도 한계가 있다.

이럴 때는 실행력이 저절로 따라오는 명확한 안내가 필요하다. 명확한 안내란 아이들이 스스로 정리할 수 있도록 정리의 장을 마련해주는 것이다. 한마디로 물건의 적절한 자리를 마련해주는 일이라고 생각하면 된다.

정리 전문가가 하는 가장 핵심적인 일도 바로 이것이다. 여기저기 제자리를 찾지 못하는 물건들에 적절한 자리를 찾아줌으로써 앞으로도 그 상태를 보다 쉽게 유지할 수 있도록 도와주는 일 말이다. 솔직히 말해서 물건의 적절한 제자리를 찾는 일은 어른들도 어려워한다.

- 스카프가 한군데 있지 않고 이 서랍, 저 옷걸이 등에 흩어져 있다.
- 손톱을 깎아야 할 때마다 손톱깎이를 찾아 헤맨다.
- 오랜만에 베이킹을 하려고 하는데 아무리 찾아도 쿠키 틀이 보이지 않는다.
- 분명히 버린 기억이 없는데 지난 여름에 입었던 속치마가 보이지 않는다.

정리를 한다고 했는데 이런 식으로 계속 물건을 찾고 있다면, 그건 정리가 아닌 규칙도 없이 그냥 물건을 곱게 쌓아둔 것뿐이다. 다시 한번 말하지만 물건이 어디에 있는지 파악할 수 있어야 그것이 제대로 된 정리다.

그러므로 아이들이 정리 습관을 갖기를 원한다면 정리하라고 잔소리를 할 게 아니라 아이가 그 물건을 어디에 두면 되는지 제자리를 명확히 알려주어야 한다. 나도 어디에 놔야 할지 모르는데 아이가 알아서 놓을 수는 없지 않겠는가. 아이들이 정리를 잘 못했던 건 어지르기 선수여서가 아니라 물건을 어디에 어떻게 두어야 할지 잘 몰라서였을 수도 있다. 그러니 이제부터라도 확실히 알려주도록 하자.

아이들은 확실히 알려주면 이를 최대한 지키려고 노력한다. 알려줬는데도 지키지 못하는 이유는 확실히 인지시키지 못했기 때문이다. 명확한 규칙일수록 효과는 더 커진다. 효과가 별로였다면 명확하고 충분하게 알려주었는지를 한번 되돌아보자.

그런데 때로는 아무리 물건의 자리를 알려줘도 제대로 지켜지지 않기도 한다. 이런 경우야말로 아이들이 정리를 정말 못하거나 관심이 없어서라고 볼 수 있을까? 그럴 수도 있지만 보통은 그 물건에 맞는 '최적의 자리'가 아니어서 벌어진 일이라고 봐야 한다. 그 자리에 두는 게 귀찮고 불편하니까 자꾸만 다른 곳에 두는 것이다. 이때도 아이를 나무라지 말고 아이가 왜 그 자리에 물건을 두지 못할까를 고민해보아야 한다. 유지하지 못하는 데는 다 이유가 있기 때문이다. 물건의 자리만 만들어준다고 해서 끝이 아니다. 실제로 생활을 해보며 그 정리가 최선인지를 경험해보아야 한다. 만족할 만하면 최적의 자리인 것이고, 그게 아니라면 다시 고민을 해서 더 나은 방법을 찾아야 한다.

그리고 아이에게는 이렇게 물건을 제자리에 두는 행위가 같은 공간을 사용하는 '우리'를 위한 일임을 함께 알려주면 좋다. 아이의 행동이 우리 가족에게 얼마나 도움이 되는지를 자주 표현해준다면 아이는 정리에 더 뜻깊은 의미를 부여할 것이다.

매운맛 2단계: '눈에는 눈, 이에는 이'로 대응한다

사람마다 절대로 용납할 수 없는 부분이 한 가지씩은 꼭 있다. 그리고 그 부분은 사람마다 정말 놀라울 정도로 다르다. 그러다 보니 치약을 중간부터 짜는 일로 이혼을 하고, 빨래통에 양말을 뒤집어놓은 채로 둔다고 격한 부부싸움을 하는 것이다.

정리에 관한 가족 구성원의 비협조적인 태도를 도저히 참을 수 없다면, 한계에 다다를 때까지 견디다 폭발하는 대신 확실히 교육하는 것도 하나의 방법이다. 바로 '눈에는 눈, 이에는 이'처럼 말이다.

60대 주부이자 공간 연출 디자이너 권은순 씨[24]는 옷이나 양말을 늘 뒤집어서 내놓는 남편의 습관을 참을 수가 없었다. 그렇다고 매번 다투는 것도 소모적이어서 어느 날은 빨래를 한 후 남편이 내놓은 모습 그대로 개켜 가져다주었다고 한다.

"어? 이거 뒤집혀서 접혀 있네?"

"당신이 뒤집어서 내놨잖아. 나는 뒤집혀져 있으면 그냥 뒤집힌 채로 개는 거야."

남편은 그제야 자신의 무심한 행동이 얼마나 아내를 번거롭게 만드는지 알았을 것이다. 뒤집혀진 옷을 다시 뒤집어 입으며 불편함도 피부로 느꼈을 테다. 내가 불편하면 다른 사람도 불편하다. 내가 조금만 배려하면 다른 사람이 편해진다. 그 '다른 사람'이 다름 아닌 내가 사랑해서 결혼한 내 배우자가 아닌가. 은순 씨의 남편은 이제 더 이상 옷과 양말을 뒤집어서 내놓지 않는다고 한다.

정리에는 관심도 없고 협조할 마음도 없어 보이는 가족 구성원이 있다. 맘대로 어지르면서 당연한 듯 치우지 않는 경우도 있다. 만약 내가 정리를 즐기는 편이라면 그나마 괜찮지만, 가족 구성원이 어지르는 속도를 나 혼자 정리하는 속도로 쫓아갈 수 없으면 살림이 엉망이 되는 건 시간문제다. 이렇게 정리에 대해 이야기하다 보면 비협조적인 가족 때문에 도저히 어떻게 할 수가 없다고 답답함을 토로하는 분들을 종종 만난다. 맞는 말이다. 혼자서 이런저런 노력을 해본 끝에 손을 놓았을 거라고 생각한다.

하지만 최후의 수단으로 '매운맛 교육'을 시도해보았으면 좋겠다. 말로만 하는 "이것 좀 치워.", "저것 좀 어떻게 해봐."가 아닌 상대가 내가 느끼는 불편함을 똑같이 느낄 수 있도록 '눈에는 눈, 이에는 이' 교육까지는 시도해보자. 사람은 직접 불편한 상황에 놓여야 비로소 변화의 필요성을 느끼곤 한다. 상대의 배려 없는 무심한 행동 때문에 집 정리가 도저히 안 된다면 최후의 수단으로 그 행동 그대로 되돌려주는 것도 방법이다.

내가 가족을 배려하는 만큼 다른 가족 구성원도 나를 배려해주어야 하나. 같은 공간을 공유하는 가족이니만큼 나만의 정리가 아닌, 우리의 정리를 위하여 단계별로 여러 시도들을 해보길 바란다.

영상으로 더 자세히 보기

20. 속초댁 씨
전국살림자랑 ep.17

21. 김문선 씨
전국살림자랑 ep.3

22. 노멀남편 씨
전국살림자랑 ep.16

23. 주은정 씨
전국살림자랑 ep.23

24. 권은순 씨
전국살림자랑 ep.14

식재료 보관 및 쓰레기봉투 정리 꿀팁

라벨링과 소분

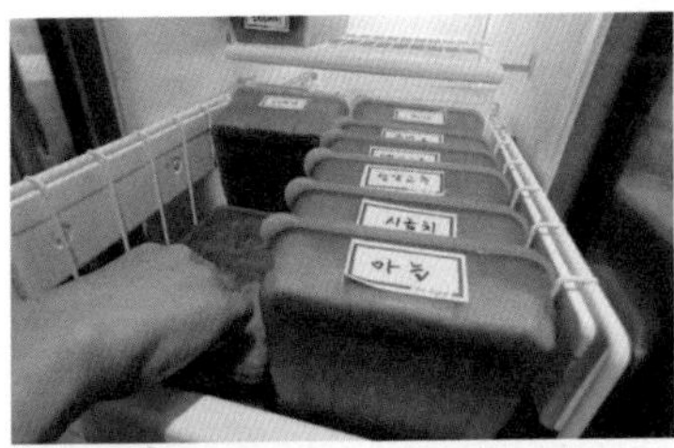

재료를 미리 손질해둔 뒤 각 식재료에 라벨링을 해두면 냉장고를 뒤질 필요 없이 그때그때 필요한 재료를 찾아 꺼내 쓸 수 있다. 또한 다른 가족들도 바로 찾을 수 있어 누구나 음식을 쉽게 만들어 먹기 좋다. 재료를 미리 소분해두면 곧바로 요리에 투입할 수 있기 때문에 요리 시간도 크게 단축된다.

일주일치 음식을 한번에, 밀프렙 만들기

일주일치 음식을 미리 만들어두는 밀프렙은 곧바로 꺼내 먹을 수 있고, 도시락으로 바로 들고 가기도 편하다. 한 번 먹을 음식을 만드는 게 아니기 때문에 재료 낭비도 거의 없다.

일상 소품을 활용한 상온 채소 보관법

① 바닥이 울퉁불퉁한 플라스틱 용기에 양파를 담으면 통풍이 잘 되어 쉽게 무르거나 썩지 않는다. 고기를 담아 파는 플라스틱 용기는 채소 보관 용기로 재활용하기 제격이다.

② 소품으로 사용하곤 하는 라탄 바구니 또한 채소와 아주 잘 어울린다. 라탄 바구니 바닥에 종이 달걀판을 깔아주면 더욱 좋다.

③ 세탁소 옷걸이를 구부린 뒤 케이블 타이로 묶어 고정하면 아주 멋진 행잉 채소 보관함이 된다. 양파뿐 아니라 감자 등 내가 원하는 종류만큼 만들어 진열하면 보기에도 좋다.

④ 꽃을 담았던 바구니 역시 통풍이 탁월하다. 꽃이 시들었다고 그냥 버리지 말자. 상온 보관용 채소를 담기에 더할 나위 없이 좋다.

깔끔한 쓰레기봉투 보관법

① 주방 하부장 문 안쪽에 쓰레기봉투를 접어서 보관하면 필요할 때마다 한 장씩 꺼내 쓰기 편리하다. 얼마나 남았는지 파악하기도 쉽다.

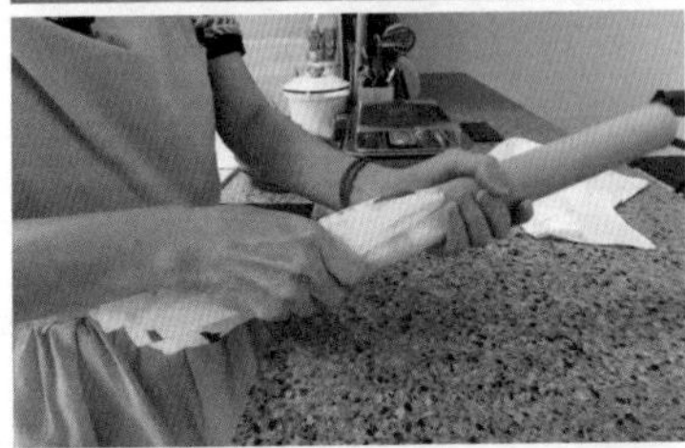

② 쓰레기봉투를 다 쓴 일회용 키친타월 심지 안에 넣어서 보관하는 방법도 있다. 한 묶음 그대로 넣을 수 있고, 그 상태로 하부장 서랍에 넣으면 흐트러짐 없이 깔끔한 보관이 가능하다.

③ 투명한 파일 홀더에 쓰레기봉투를 넣는 방법도 좋다. 한 장씩 뽑아서 쓰기 편하고, 새로 산 쓰레기봉투를 채워 넣기에도 쉽다.

④ 접는 것도, 넣는 것도 싫다면 주방 하부장 문 안쪽에 후크를 달아 쓰레기봉투 묶음 그대로 거는 방법도 있다. 한 장씩 뜯어서 사용하면 된다.

정리 습관 7

설레는 집이 설레는 인생을 만든다

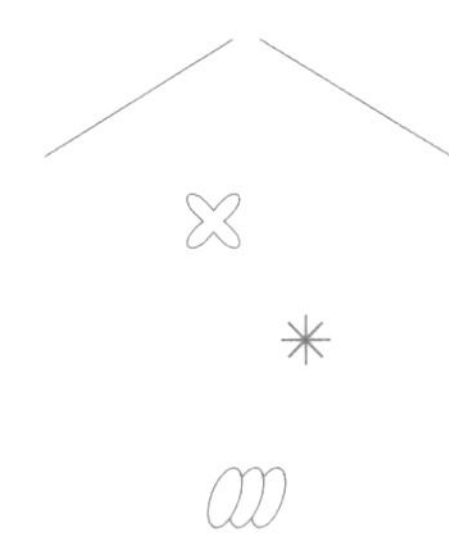

'깨진 유리창 이론'에 대해 들어본 적이 있을 것이다. 깨진 유리창 하나를 방치해두면 그곳을 중심으로 범죄가 확산되기 시작한다는 이론으로, 사소한 무질서라도 오래 방치하면 큰 문제로 이어질 수 있다는 의미를 담고 있다. 실제로 1994년 뉴욕 시장으로 선출된 루돌프 줄리아니는 이 깨진 유리창 이론을 적용해 뉴욕 지하철의 지저분한 낙서를 모두 지우게 했고, 이는 범죄율 80퍼센트 감소라는 놀라운 효과를 가져왔다.

이 이론은 정리에도 똑같이 적용된다. 깨끗한 곳에서는 왠지 죄책감이 느껴져 함부로 어지르지 못하는 반면, 지저분한 곳에서는 '어차피 지저분한데 뭐' 하는 생각으로 아무렇지도 않게 어지르고 또 어지르기 때문이다. '나중에 치우지, 뭐.' 하는 마음으로 던져둔 옷가지가 어느새 옷 무덤이 되는 것처럼 말이다. 첫 시작은 몇 주 전 바닥에 던져둔 외투 한 벌이었지만, 며칠만 지나도 그 외투 위로 옷걸이에 걸지 않은 옷들이 산처럼 쌓인다. 그렇게 정리를 미루는 시간이 길어지다 보면 결국 생활은 엉망이 되고 만다. 쓰레기 집도 첫 시작은 바닥에 둔 외투 한 벌이었을지 모른다.

이러한 사람의 자연스러운 심리를 잘 이해하고 이를 정리에 이용하는 자세가 필요하다. 외출 후 집에 왔을 때 귀찮더라도 옷을 꼭 옷걸이에 걸어두면 웬만해서는 옷 무덤이 만들어지지 않는다. 깨진 유리창을 보수해 범죄율을 낮추듯이 물건을 제자리에 두는 규칙만 꼭 지켜도 집이 엉망이 되는 일은 없다.

이렇게 정리를 하는 이유는 딱 하나, 우리 삶의 질을 높이는 데 있다. 식탁이 깨끗하면 집밥을 해 먹기가 수월해져 건강한 식사를 할 수 있고, 바닥에 짐이 없으면 바닥 청소가 쉬워져 먼지가 굴러다니는 일이 없다. 쾌적한 집에서 잠을 자면 양질의 휴식이 가능해져 생산성이 향상된다. 집중력이나 창의력이 높아지면 높아졌지 나에게 해가 되는 일은 하나도 없는 것이다. 그러니 내 삶에 도움이 되는 변화를 일으킨다는 생각으로 정리를 습관화해야 한다.

우리는 이사를 하면서 자연스럽게 기분 전환의 계기를 맞곤 한다. 오래된 묵은 짐을 비우고 새로운 짐들을 들이면서 대대적인 정리를 하는 덕분이다. 하지만 모두가 그런 기분을 느끼는 건 아니다. 일이 잘 풀려 더 좋은 집으로 이사를 간다면 당연히 좋겠지만 그 반대도 있지 않겠는가? 사업이 망하거나 사기를 당하는 등 안 좋은 일로 가세가 급격히 기울어 작은 집으로 이사를 가면 정리는커녕 마음의 병을 얻기 일쑤다.

내가 본 어느 쓰레기 집 정리 영상에 나온 분도 그랬다. 이사 후 몇 년 동안 집 정리를 아예 하지 않은 분이었는데, 원래 살던 집보다 훨씬 작은 집으로 이사 온 것이 그분에게는 너무 큰 상처라 시간이 지나도 치유되지 못한 듯했다. 예전 집에서 가져온 짐들은 작은 집에 맞지 않았고, 그분은 사용하지도 않는 그 짐들을 버리지도 못한 채 삶을 그대로 방치해버렸다. 겨우 확보한 침대 위 공간에서 무기력하게 잠만 자던 시간이 오래 이어지면서 집은 쓰레기가 쌓이는 공간이 되었다.

공간과 물건이 오랜 시간 손길을 닿지 못하고 방치되면 제 기능을 하지 못한 채 망가져버린다. 덩달아 그곳에 살고 있는 사람 역시 좋은 기운을 받을 수 없다. 공간에는 공기가 순환하고 사람의 온기가 돌아야 하는데 방치된 공간에선 그러지 못하기 때문이다. 신선한 공기도 마시고 함께 생활하는 사람끼리 따뜻한 마음도 주고받아야 활기와 위안이 오가는 일상생활이 가능해지는 법이다.

결국 그분은 주변 사람들의 도움으로 더 이상 쓰지 않는, 예전 집에서만 빛을 발했던 덩치 큰 가구와 가전들을 비울 수 있었다. 그리고 자신에게 다가온 손길 덕분에 기운을 내고 미소를 되찾을 수 있었다.

경제적 문제 외에도 여러 사정으로 작은 집으로 이사를 가야 하는 상황은 누구에게나 생길 수 있다. 그럴 때는 공간이 줄어든 만큼 어떻게든 수납 공간을 확보하고 조금이라도 더 쾌적하게 지내기 위해 머리를 써야 한다. 작은 집에 맞는 정리를 해야 한다는 얘기다. 그 과정에서 짜증을 내거나 우울해하는 것은 조금도 도움이 되지 않는다.

《기분이 태도가 되지 않게》라는 책 제목처럼 안 좋은 감정은 우리의 기분뿐 아니라 삶의 태도에도 영향을 미친다. 정리를 하고 상쾌하게 지내느냐, 계속 인상만 쓰면서 살다가 일상생활마저 꼬이게 만들 것이냐 중 어떤 선택이 나은지는 자명하다. 일곱 살 아들을 키우는 30대 전업주부 '다니엘맘' 씨[25]도 기꺼이 전자를 선택했다.

"43평에서 24평으로 이사를 왔어요. 처음에는 갑자기 줄어든 집 때문에 많이 막막했어요. 그래도 마음을 다잡고 일단은 버리기부터 시작했어요. 불필요한 물건들을 걷어내니 마음이 한결 가벼워지더라고요. 정리를 하다 보면 숨은 공간들을 찾게 돼요. '어떻게 하면 그 공간을 활용해서 무언가를 수납할 수 있을까?', '여기에 맞는 건 뭘까?' 고민하면서 정리하는 재미가 있더라고요. '여기에 압축을 해볼까, 저기에 해볼까?' 하루하루 아이디어도 생기고 즐거워요."

이런 마음으로 정리를 하면 작은 집으로 이사를 가도 집 안에 우울함이 스며들 틈이 없다. 숨은 공간 1센티미터를 찾는 고민을 즐겁게 하는 사람은 정리를 하면서도 생활 공간 곳곳에 유쾌함을 퍼트릴 테니 말이다. 환경이 주는 영향은 굉장히 크다. 여기서 말하는 환경은 단순히 공간의 크기만을 의미하지 않는다. 그 공간에 사는 사람들의 마음가짐을 의미한다.

"정리를 하다 보면 가족에 대한 소중함도 느끼게 되거든요. 저희 가족의 동선이나 생활 패턴을 알아야 정리를 할 수 있는 거니까요."

다니엘맘 씨가 숨은 공간을 찾는 정리를 즐겁게 할 수 있는 원동력은 바로 가족에 대한 사랑이었다. 내가 사랑하는 가족이 더 깨끗하고 쾌적하고 편리하게 지냈으면 하는 마음으로 정리를 했던 것이다. 이러한 태도는 '오늘은 또 어디에서 숨은 공간 1센티미터를 찾아낼까?' 하는 생각을 절로 하게 만든다.

이러한 공간의 정리와 변화를 가족들이 모를 리 없다. 그리고 숨은 공간의 정리를 보며 이내 마음이 따뜻해질 것이다. 사람은 누구나 사랑받는다는 느낌을 받을 때 행복해진다. 그래서 1센티미터의 정리는 결코 사소한 일이 아니다. 이것이 바로 삶에 긍정적인 변화를 가져오는, 우리가 추구해야 하는 정리가 아닐까?

냉장고에도 지도가 필요한 이유

옷장 정리만큼이나 힘든 게 주방, 그중에서도 냉장고 정리다. 그나마 옷장이나 주방 상하부 수납장은 제자리라는 게 있다. '여기는 겨울 아우터를 거는 곳', '여기는 자주 쓰는 그릇들을 놓는 곳', '여기는 조리 도구를 놓는 곳'처럼 말이다.

하지만 냉장고는 다르다. 냉장고는 내부 구성이 매번 휙휙 바뀐다. 장을 보고 오면 일단 넣기 바쁘고, 가족들도 수시로 여닫으며 뭘 넣기도 하고 꺼내 먹기도 하면서 날마다 흐트러지기 일쑤다. 주방을 전담하는 가족 구성원이 있을 수도 있지만, 배고픈 사람이 직접 챙겨 먹다 보면 정리가 유지되기 힘들기도 하다.

게다가 돌아서면 밥 차리고, 또 돌아서면 밥 차리는 '돌밥'이라는 말이 생겨날 정도로 매 끼니마다 음식을 만들고 차리는 것이 보통 힘든 일이 아니다. 아무리 냉장고 안에 식재료가 있어도 오늘은 또 무엇을 해먹으면 좋을지 괜찮은 아이디어가 쉽게 떠오르지 않는다. 식단을 짜서 음식을 해먹으려 해도 마트에서 장을 볼 때면 충동구매나 1+1 등의 행사 상품을 피할 수가 없어 냉장고 속에 뭐가 들어 있는지, 그 음식마다 유통 기한이 어떻게 되는지 전부 파악하지 못한 채 쌓아놓기만 하는 날들이 계속된다.

그래서 한때는 '냉장고 파먹기'가 유행하곤 했다. 냉장고 속 음식을 소진하기 전까지 장을 보지 않는 것이다. 사실 일주일치 장을 본다고 해도 가족들이 전부 삼시세끼 집에서 밥을 먹지는 않는다. 약속이 있는 사람, 회식이 있는 날 등을 제외하면 음식이 남는 게 당연하다. 그렇게 남은 음식이 있어도 습관적으로 또 장을 보다가 유통 기한이 지난 음식을 버리곤 한다. 그래서 냉장고 파먹기는 굉장히 실용적인 식재료 소진 방법일 뿐 아니라 냉장고가 비워짐에 따라 냉장고 정리도 절로 되는 일석이조의 효과가 있다.

하지만 그렇다고 해서 메뉴 고민이 사라지지는 않는다. 같은 식재료를 가지고도 가족들마다 원하는 메뉴가 다를 수도 있고, 음식을 만드는 사람 입장에서도 선호하는 조리법이 있지 않던가? 또한 뭘 만들어야 할지 도무지 생각나지 않는 날도 있다.

이럴 때는 냉장고 정리와 메뉴 고민을 한 번에 해결할 수 있는 '냉장고 지도'를 추천한다. 냉장고에 종이를 붙이고, 그 종이 위에 냉장고 안에 든 식재료들을 다 적는 것이다. 단, 단순히 리스트를 나열하는 메모가 아니라 지도를 그리듯 냉장고 안의 모양 그대로 칸도 나누고 거기에 무엇이 들어 있는지를 똑같이 적어야 한다. 냉장고 문을 열지 않고도 냉장고 안을 들여다보듯 정확히 그리는 게 핵심이다.

별것 아닌 듯 보이는 이 종이 한 장이 가족의 삶을 크게 변화시킬 수 있다. 수시로 냉장고 근처를 지나는 가족들이 냉장고 지도를 통해 식재료 '데이터'를 파악하면서 집밥 메뉴 의견을 내거나 '그거 어딨어?'라고 묻지 않고 한결 수월하게 음식을 꺼내 먹을 수 있기 때문이다. 남편과 아들 둘을 키우는 50대 주부인 꼰대들의 블루스 씨도 이 냉장고 지도로 그게 스트레스를 줄일 수 있었다고 말했다.

"냉장고 문에 냉장고 지도를 붙여놨어요. 변동이 생길 때마다 지우거나 새로 쓰거나 해요. 장을 봐서 냉장고에 다 넣어두면 생각이 안 났거든요. 애들이 뭐 만들어줄 건지 물어도 말문이 막혔어요. 냉장고 지도를 붙인 뒤로는 그런 일이 사라졌어요. 이제는 애들도 냉장고 지도를 보면서 의견을 내요. 뭘 해 달라, 이거 괜찮다 하는 식으로요. 떡갈비 구워달라고 하면 떡갈비 구워주고, 김치찌개 해달라고 하면 해주고. 그동안은 뭘 만들어줘야 하나 머리가 너무 아팠거든요. 냉장고 지도가 가족들끼리 호흡 맞추기에 아주 괜찮더라고요."

나 혼자만 알아보는 정리는 힘들기도 힘들 뿐더러 한계가 있다. 내가 없을 때 정리가 지켜지지 않을 확률이 크기 때문이다. 평생 나 혼자서 정리만 할 것도 아니지 않은가. 그러니 가족들이 함께 호흡할 수 있는 정리로 점점 바꿔가야 한다. 내가 없어도 가족들이 알아서 음식을 해먹게 하고 싶다면 냉장고 지도뿐 아니라 각종 양념이나 조미료 등 실온 보관 식재료에도 라벨링을 해두자. 누구나 직관적으로 쉽게 알아볼 수 있는 정리가 백화점 식료품 매장처럼 가지런하고 예쁜 정리보다 더 실용적이다.

냉장고 지도가 좋은 또 다른 점은 평소 우리가 무엇을 자주 먹는지, 어떤 음식을 더 보충하면 좋을지를 한눈에 파악할 수 있다는 것이다.

냉동식품이나 분식 관련 식재료가 너무 많다면 다음에 장을 볼 땐 양질의 단백질을 사고, 붉은 육류만 너무 많다면 생선을 사게 될 테니 말이다. 학교에서 급식을 먹는 아이가 있는 집이라면 냉장고 지도 옆에 급식 식단표도 같이 붙여보자. 아이가 낮에 학교에서 먹은 메뉴와 겹치지 않게 저녁을 차리는 데 큰 도움이 될 것이다.

집안일 중에 크게 스트레스로 다가오는 일이 있다면 냉장고 지도처럼 시각화를 통해 이를 해결해보자. 내 눈에 쉽게 파악되는 정리라면 다른 가족에게도 똑같은 효과가 나타나기 마련이다. 냉장고 지도가 그 해결책이 되었듯, 다른 곳에도 적용해보면 좋다. 매번 양말이나 이런 저런 옷을 찾아달라는 가족 때문에 스트레스라면 옷장에도 지도를 그려 붙여놓으면 된다. 몰라서 못 찾고 관리가 안 되는 정리를 장부 정리하듯 쉽게 보여주기만 하면 끝이다. 쉽고 편한 정리가 삶의 변화를 가져다 준다.

나를 찾는 여행? 나를 찾는 정리!

대한민국에서 학창시절을 보낸 사람이라면 누구나 학교를 졸업하고 사회생활을 하는 어른이 된 후, 어느 날 문득 이 모든 것이 무슨 의미가 있는지 잘 모르겠다는 생각이 드는 시기를 맞이하곤 한다.

'나는 언제까지 이렇게 살아야 하지?'

'나는 도대체 좋아하는 게 뭐지?'

'지금 나는 하나도 행복하지 않은데 행복해지려면 뭘 해야 하는 거지?'

'내 미래에 대해 하나도 모르겠어.'

사춘기 청소년도 아닌데 갑자기 머릿속이 멍해지면서 막막한 기분이 든다. 이제껏 많은 것들을 알기 위해 공부도 하고 노력도 했지만 정작 자기 자신에 대해서는 잘 알지 못한 채로 성장해서 그렇다. 사회가 요구하는 여러 퀘스트들을 달성하며 계속 앞으로만 달려가다 보니 나에 대해 탐구하고 알아가는 시간을 가지지 못한 것이다. 그래서 성인이 된 후 자기 자신이 어떤 사람인지 알지 못해 힘들어 하는 사람이 의외로 많다.

그러다 보니 스스로를 제대로 마주하고 진지하게 알아보기 위해 여러 시도들을 한다. 장기 여행을 떠나보기도 하고, 무작정 책을 많이 읽어보기도 하고, 다른 도시나 나라에서 한 달 이상을 살아보기도 하고, 그림이나 글쓰기를 배워 속마음을 표현해보기도 한다. 한마디로 스스로에게 돈과 시간을 투자해 과거에는 하지 않았던 색다른 일들을 해보는 것이다.

하지만 이렇게 돈과 시간을 쓰지 않아도 나를 잘 알아보는 방법이 있으니 바로 정리다. 내가 생활하는 공간과 그곳에 쌓인 나의 물건들을 정리하다 보면 나도 몰랐던 나의 '데이터'를 의외로 쉽게 확인할 수 있다. 두 남매의 어머니이자 정리 컨설턴트인 까사마미 씨도 옷 정리를 하면서 그 사실을 확인했다고 한다.

> "저는 여름옷이 적어요. 근데 겨울옷은 여름옷보다 많아요. 왜냐하면 조금 추울 때, 조금 더 추울 때, 진짜 추울 때 입는 옷이 다 다르거든요. 저는 추위에 엄청 예민한 사람인 거예요. 옷을 보니까 저를 알겠어요. 짐을 정리하다 보면 자신을 알 수 있다는 게 이런 것 같아요."

옷 정리라는 간단한 사례지만 어느 곳을 정리해도 내가 보이고 나를 더 잘 알게 된다. 과거의 영광만 기억하며 현재를 제대로 살지 못하는 사람은 옛 시절에 입고 쓰던 물건들이 많고, 특정 색을 좋아하는 사람은 그 색깔이 들어간 물건이 집에 수두룩하며, 무엇을 특정할 수 없을 정도로 물건이 많은 사람은 버리기를 힘들어하는 사람이라는 뜻이다.

내가 오랜 시간 생활한 공간에 바로 내가 있다. 그래서 정리를 해야 한다. 나는 어떤 사람인지, 무엇을 좋아하는지, 무엇 때문에 힘들어하는지 정리를 하다 보면 서서히 실마리가 잡힌다. 무엇보다 정리를 하면 할수록 내가 어떤 공간을 원하는지, 어떻게 살고 싶은지를 확실하게 알 수 있다.

햇살이 환하게 들어오는 공간을 원한다면 창문 쪽에 자리한 오래된 짐들을 자연스럽게 치우게 될 것이다. 요가를 하며 차분하게 명상을 하는 시간을 간절히 원한다면 요가 매트를 깔 수 있는 공간을 확보하고 그 근처에는 따뜻한 느낌이 나는 조명과 은은하고 좋은 향기가 나는 인센스 스틱을 두지 않을까? 그림을 그리고 싶다면 작업 책상을 정성껏 정리하고, 차 마시는 걸 사랑한다면 다기와 차 수납함에 정성을 쏟을 것이다.

이처럼 정리는 자연스럽게 나를 탐구하고 알아가는 시간이기도 하다. 내가 버리지 못하는 특정한 물건들을 생각하다 보면 내가 뭘 좋아하는지를 알게 되고, 내가 미련 없이 버리거나 있었는지도 모르는 물건들을 보면 어떤 것에 크게 의미를 두지 않는지도 알게 된다. 정리를 하며 특별히 더욱 신경을 쓰는 물건이나 분야는 내가 현재 집중하고 싶은 것이자 앞으로도 가꾸고 싶은 물건, 분야일 것이다.

정리를 하며 내가 그토록 알고 싶었던 나의 본모습과 진짜 속마음을 자연스럽게 마주하게 된다는 사실을 정리를 해본 사람들은 안다. 그래서 정리가 좋다고 여기저기 권하고 다닌다. 나 역시 그런 사람으로서 이렇게 정리를 권하는 책까지 쓰고 있다. 나는 정리가 나 자신을 향한 여행이라고 생각한다. 그러니 스스로를 알고 싶다면 정리를 해보길. 그렇게 자신이 어떤 사람인지 그리고 무엇을 원하는지 발견해보길 바란다.

가족이 아닌 내가 우선순위가 되는 정리

"가족들이 어질러놓은 거 나만 치우는데, 이거 저만 열 받나요?"

한 인터넷 커뮤니티에서 본 어느 주부의 글이었다. 이 게시글에는 비슷한 마음을 토로하는 댓글들이 무수히 많이 달려 있었다. 깨끗하게 정리해둔 공간을 다른 가족들이 맘대로 어지르고는 방으로 쏙 들어가 버리거나, 등교 및 출근을 하고 난 뒤의 상황이 처참해서일 것이다.

가족들 사이에서 주도적으로 정리를 하는 사람은 크게 두 가지 유형으로 나뉜다. 첫 번째 유형은 스스로 깔끔하게 정리된 공간을 원하는 사람이다. 원래 못 참는 사람이 청소와 정리를 하게 되는 법이다. 내 눈에는 지저분하지만 다른 가족의 눈에는 아무렇지 않기에 다른 가족들보다 정리력이 높은 사람이 어쩔 수 없이 먼저 정리를 할 수밖에 없다.

두 번째 유형은 가족을 배려하기 위해 정리하는 사람이다. 이들은 가족들이 집에 왔을 때 쾌적하고 깔끔한 공간에서 하루를 마무리할 수 있기를, 편안하고 안락한 곳에서 조금이라도 스트레스를 해소할 수 있기를 바라는 마음에서 정리를 한다. 힘들게 집에 왔는데 냄새나고 지저분한 풍경을 마주하고 싶은 사람은 아무도 없을 테니까 말이다.

그러나 어떤 이유에서건 계속 혼자서만 정리를 하면 결국엔 화가 나고 지칠 수밖에 없다. 잘 모르긴 해도 참다 참다 커뮤니티에 글을 올린 분도 이런 상황이지 않았을까 싶다. 나의 배려가 도무지 돌아올 줄 모를 때, 가족들이 나에 대해 조금도 마음을 써주는 것 같지 않을 때 아무렇지 않을 사람은 없을 것이다. 아무리 정리를 습관처럼 잘하는 사람이라 해도 이럴 땐 정리에 따른 스트레스가 쌓일 수밖에 없다.

이쯤에서 우리가 정리를 하는 근본적인 이유를 생각해보면 좋겠다.

정리는 삶의 질을 향상시킨다. 내가 무엇을 가지고 있는지 알고 그걸 필요할 때마다 쉽게 찾아 쓸 수 있는 생활을 떠올려보자. 분명 정리 덕분에 삶의 질이 높아진 상태라 할 수 있다.

하지만 필요한 물건이 어디에 있는지를 정리한 사람만 안다면? 물건을 찾을 때마다 정리한 사람에게 물어보게 된다. 아니, 찾아서 가져다달라고 요구하기도 한다. 게다가 어디에 두는지 정리 규칙을 모른다면 사용한 자리에 그냥 두기도 쉽다. 어차피 정리하는 사람이 따로 있으니까. 정리를 하는 사람이 이런 상황을 바라고 주도적으로 정리한 것은 아닐 테지만 가족 간의 생활 패턴이 그렇게 굳어진 상황들이 있다. 공부하느라 힘들고 일하느라 스트레스 받는 가족들을 배려하느라 한 사람이 주도적으로 정리를 전담해왔는데, 나중에는 그 사람만 정리를 하고 나머지 가족들이 집 안 정리에는 손 하나 까딱하지 않는 경우도 여기에 해당한다. 하지만 다른 가족들의 정리까지 혼자서 도맡아 한다면 정리하는 사람에게 더 이상 보람과 행복은 없다. 행복하려고 하는 정리가 나를 힘들게 하는 요소가 되어버렸기 때문이다.

내가 행복하지 않다면 나의 경계선 밖에 있는 것들은 정리하지 않아도 된다. 바로 앞 장의 '냉장고 지도'처럼 다른 가족들에게 물건의 위치를 명확히 알려주는 방식으로 가족들 스스로가 자신의 짐은 정리를 하게끔 놔두자.

정리는 우리에게 여러 좋은 감정들을 선사한다. 복잡한 마음이 누그러지는 스트레스 해소, 내 손으로 깔끔한 공간을 만들었다는 것에 대한 성취감, 한결 여유로워진 공간에서 느끼는 쾌적한 기분 등은 가족들도 직접 경험해볼 필요가 있다. 공부하느라 바빠서 잠잘 시간도 부족한 아이에게 직접 정리하라고 다그치기 싫을 때도 있겠지만 정리 또한 머리를 쓰고 몸을 움직이는, 살면서 해봐야 하는 중요한 경험이다.

"엄마가 행복해야 아이도 행복하다."라는 말이 있다. 이 말은 비단 어머니뿐 아니라 우리 모두에게 적용되지 않을까? 내가 행복해야 다른 가족들과의 사이도 좋아진다. 잔뜩 화가 난 상태에서 가족을 위해 무언가를 한다면 그 배려를 받는 가족들도 마냥 고맙지만은 않을 것이다. 그러니 정리라는 분야에서도 나의 행복을 1순위로 생각하면 좋겠다. 그래야 정리로부터 파생되는 긍정적인 기운이 나와 우리 가족 모두에게 오롯이 제대로 전달될 수 있을 테니 말이다.

정리하면 비로소 보이는 것들

2남 1녀의 어머니이자 직장인이기도 한 50대 개미도시 씨는 정리를 할 때마다 좋은 일이 생겼다고 말한다.

> "내가 살아가는 공간을 깨끗하게 만들어갈수록 좋은 일이 생기는 것 같아요. 화가 났던 마음이 가라앉는다거나 반가운 지인에게 연락이 오기도 하거든요. 또 고민거리들이 어느새 해결되는 경우도 있

고요. 그래서 저는 마음이 어지럽거나 복잡할 때 정리를 하고 청소를 합니다."

정리를 하면 좋은 일이 생긴다는 개미도시 씨의 말은 개미도시 씨에게만 일어나는 행운인 걸까, 아니면 다른 사람에게도 적용되는 이야기인 걸까? 나는 후자라고 말하고 싶다. 정리가 행운을 불러온다는 미신 같은 이야기가 아니다. 정리가 가져오는 긍정적인 나비효과와도 같은 현상이 분명 존재하기 때문이다. 왜 그럴까?

언젠가 인터넷에 떠도는 '인생 명언 세 가지'를 본 적이 있다.

행복할 때 약속하지 마라.
화났을 때 답변하지 마라.
슬플 때 결심하지 마라.

굉장히 공감가는 말 아닌가? 감정에 휘둘려 무언가를 결정하다가는 일이 꼬일 확률이 크기 때문이다. 무슨 일이든 차분하고 냉정한 판단이 서지 않는 상황에서는 아무것도 하지 않는 게 오히려 도움이 된다.

정리가 바로 이 역할을 해준다. 기분이 안 좋고 화가 났을 때 정리를 하면 부정적인 감정이 말끔하게 치워지는 공간처럼 서서히 사라진다. 정리가 마무리되면 불쾌했던 기분은 온데간데없이 사라지고 오히려 개운함이 남는다. 기분이 너무 좋아 들뜨는 바람에 실수하기 딱 좋을 때도 정리를 하면 마음이 침착해진다.

개미도시 씨가 말한 정리가 불러오는 좋은 일이 바로 이런 것이다. 사람은 감정적인 존재이고, 그 감정에 잠식되면 현명한 판단을 내리지 못하는 경우가 많다. 그런데 정리를 하며 감정에 휘둘리지 않도록 마음 정리가 함께 되니 상황을 꼬이게 만드는 실수를 거의 하지 않는 것이다. 이게 바로 좋은 일을 불러오는 탄탄한 밑바탕이 아닐까?

지금 내 기분이 너무 안 좋고 화가 났다고 생각해보자. 이때 나도 모르게 누군가에게 화풀이를 할 수도 있고, 격한 감정에 험한 말을 내뱉을 수도 있다. 나의 이런 언행 때문에 상대방이 더 화를 내다가 심한 싸움에 휘말리면 어떤 불상사가 생길지 알 수 없다. 게다가 나의 안 좋은 감정이 사실은 오해에서 비롯된 일일 수도 있고 말이다.

나 혼자만의 시간을 가지며 정리를 하면 안 좋은 일이 생길 리 없다. 일단 누군가와 부딪히지 않으니 나에게서 발산되는 부정적 감정의 영향을 받는 사람이 생기지 않는다. 그리고 정리를 하며 내 감정을 돌아보다 보면 다른 사람의 감정도 헤아릴 수 있다. 내 위주로만 생각하던 꽉 막힌 사고방식이 서서히 확장되면서 '아, 그 사람 입장에서는 그럴 수도 있었겠구나' 하는 마음이 드는 것이다. 나를 찜찜하게 했던 고민을 다른 각도에서 바라보는 것도 가능해진다.

이렇게 마음이 편안하고 넓어진 후에는 사소한 일에도 감사할 줄 아는 여유가 생긴다. 나의 안부를 묻는 연락이 오면 그렇게 반갑고 고마울 수가 없고, 화분에 핀 꽃만 봐도 나에게 찾아온 생명력에 감사하다.

날씨가 좋은 것도 좋고, 궂은 날씨라면 실내에서 정리를 하며 비바람을 맞지 않은 것에 감사함을 느낀다.

개미도시 씨도 정리를 할 때마다 이런 기분을 느꼈다고 생각한다. 감정에 휘둘리는 실수를 하지 않게 되니 정리를 하면서 나쁜 일이 생기지 않았던 것이고, 정리를 하며 고민과 스트레스가 서서히 사라지니 마음도 편안해졌을 것이며 사소한 일에도 감사하는 마음을 갖게 되니 '정리를 하면 좋은 일이 생긴다'는 공식이 만들어진 게 아니었을까?

"하나의 문이 닫히면 또 다른 문이 열린다.", "문이 닫히면 창문이 열린다."는 말을 들어보았을 것이다. 나쁜 감정은 '닫힌 문'이다. '닫힌 문'에 집중하면 될 일도 안 된다. 시야를 넓혀 또 다른 문, 창문을 볼 수 있어야 한다. 정리를 하면 바로 그런 능력이 생긴다. 실제로도 환기를 위해 우리는 창문을 열지 않던가. 창문을 통해 들어오는 신선한 공기를 들이마시면 기분이 나아지지 않던가. 그래서 정리를 하면 삶이 변화된다는 이야기가 나오는 것이다. 내 삶에 좋은 일, 행운이 계속 깃들길 바란다면 정리를 해보자. 내 손으로 또 다른 문도 열고, 새로운 창문도 여는 그런 정리를 말이다.

영상으로 더 자세히 보기

25. 다니엘맘
전국살림자랑 ep.31

숨어 있는 1cm의 공간을 찾는 수납 꿀팁

좁은 틈도 놓치지 않게 해주는 자석 후크

자석으로 된 후크는 붙박이장 경첩이나 철제 기둥 어디에든 붙일 수 있다. 벨트, 넥타이, 가방 등 여기저기 방치하기 쉬운 소품이나 패션 아이템을 정리하기 좋다.

빈 공간을 놓치지 않는 똑똑한 수납법

사다리형 수납함이나 선반은 보통 맨 아래 공간이 비어 있다. 이때 적당한 크기의 박스를 찾아 손잡이만 달아 넣어주면 아주 훌륭한 서랍으로 사용할 수 있다.

용도에 구애받지 않고 나만의 스타일로 사용하기

용도가 정해진 공간이라 해도 나에겐 불필요할 수 있다. 보조주방 등 필요 없는 공간은 판자 등으로 막아 분리수거를 위한 쓰레기통을 놓는 등 내가 원하는 대로 사용해보자.

폼보드로 부족한 수납 공간을 해결하기

수납장의 선반이 부족하다면 폼보드 등을 활용해 비효율적인 윗 공간에 따로 선반을 만들 수도 있다. 수납하고 싶은 물건의 높이를 고려해 자유롭게 만들면 된다.

주방 걸레받이의 재발견

주방 바닥의 걸레받이인 죽은 공간도 알고 보면 숨은 수납 공간이다. 버린 가구에서 떼어낸 손잡이, 바구니, 작은 바퀴를 달기만 하면 수납장 그 자체가 된다.

부족한 옷장 수납을 해결하는 미니 봉 활용법

원하는 곳에 미니 봉을 달면 바로 옷을 걸 수 있는 행거가 된다. 옷장이나 행거를 추가로 사지 않아도 수납력을 효과적으로 높일 수 있다.

좁은 공간을 더 넓게 쓰는 신발 수납법

부피가 큰 남자 신발은 한쪽씩 교차해서 신발장에 넣으면 나란히 넣을 때보다 더 많이 수납할 수 있다.

정리 습관 8

정리에 창의력을 더하면 재활용이 된다

"그렇게까지 해야 하나요? 그냥 새로 하나 사면 안 돼요?"

재활용 정리 콘텐츠에 꼭 등장하는 댓글이다. 1리터짜리 종이 우유팩을 눕혀 텀블러 수납함으로 만들고, 플라스틱 우유통을 잘라 비닐봉지를 모아두고, 다 먹은 유산균 통을 수납함으로 쓰고, 일회용 테이크아웃 커피 컵을 연필꽂이로 사용하는 모습을 누군가는 '재활용'이 아닌 '궁상'으로 보는 것 같다.

하지만 그런 말은 실제 재활용을 시도해보지 않은 사람들이 하는 경우가 대부분이다. 재활용은 분명 비용 절감에 도움이 되지만 그게 전무는 아니기 때문이다. 내 아이디어 덕분에 쓰레기가 될 뻔한 물건이 새로운 쓸모를 찾아 생명 연장을 했을 때 느끼는 기쁨도 아주 크다. 그 기분 좋은 마음이 재활용을 불러오는 것이다. 또한 재활용은 새로운 물건을 사지 않아도 되니 내 돈도 아껴주고, 쓰레기를 만들지 않으니 지구에도 도움이 되는 일이다. 일석삼조 이상의 효과를 갖는 리사이클을 단순히 '궁상'으로만 봐서는 곤란하다.

요즘은 기가 막힌 아이디어를 떠올리는 사람들이 굉장히 많다. 어떤 사람은 클립을 스카치테이프로 벽에 붙이고는 그 위에 원하는 엽서를 대고 자석으로 고정했다. 또한 클립을 잘 구부려 스마트폰 거치대로 사용하기도 한다. 이 얼마나 창의적인 클립 활용법인가. 예전만큼 쓸 일이 없어 서랍 안에서 자리만 차지하던 클립은 이 아이디어 덕분에 새로운 쓸모를 찾은 셈이다.

정리는 어떻게 보면 창의적인 활동 그 자체다. '어떻게 해야 지금보다 더 나은 생활을 할 수 있을까?'라는 물음의 해답을 찾는 과정이기 때문이다. 그런 아이디어로 탄생한 재활용은 궁상이 아닌 즐거운 놀이에 가깝다. 그렇게 내 생각과 손길이 반영된 공간이 점점 좋아지는 건 지극히 당연한 일일 테고 말이다. 나는 그러한 정리가 우리의 삶을 더 즐겁게 변화시킨다고 생각한다.

오래되고 낡은 것들의 대변신

TV나 인터넷으로 다른 사람들의 집을 보면 꼭 한두 포인트 따라 하고 싶은 인테리어들이 눈에 들어온다. 창문에 걸터앉을 수 있는 윈도우시트나 TV를 없앤 서재형 거실에 어울리는 커다란 테이블, 나만의 작업실로 꾸민 베란다 등 매력적인 인테리어 아이디어가 세상에는 넘쳐난다.

문제는 가구다. 윈도우시트도 원목으로 된 벤치형 가구고, 커다란 테이블도 값비싼 가구이며 나의 취미를 위한 작업실에도 당연히 작업대와 의자가 필요하다. 취미 용품을 진열해둘 장식장이나 취미 도구들을 수납하는 선반 등도 모두 가구다. 그것도 만만치 않은 가격이 들어가는 가구.

가구는 은근히 큰돈이 드는 데다 집의 전체적인 어울림을 생각해서 들여야 하기 때문에 섣불리 사기가 어렵다. 무조건 저렴한 가격만 보고 샀다가 얼마 안 가 망가지기도 하고, 아무리 비싸고 좋은 제품이라 해도 그 가구만 혼자 튀어버리면 통일성이 깨져버린다.

이럴 때 리폼을 잘하는 사람들은 직접 필요한 가구를 만들기도 한다. 공방에서 멋진 앞치마를 두르고 사포질 하는 이미지를 상상하지 않아도 된다. 재활용품을 내놓은 곳에서 주워온 공간 박스나 서랍장에 내가 좋아하는 색으로 페인트만 칠해도 리폼이다. 그렇게 나만의 새로운 가구가 되는 것이다. 조금 더 신경을 써 더 멋진 손잡이로 바꿔 다는 방법도 있다. 이렇게 돈도 아끼고 재활용도 하면서 나에게 필요한 가구가 탄생한다.

30년 차 전업주부인 이효경 씨[26]는 자타공인 정리와 리폼 전문가라 할 수 있다. 그녀의 손만 거치면 공간에 딱 맞는 물건들이 뚝딱 생긴다. 돈 주고 사라고 해도 그 정도로 맞춤인 제품은 찾기 힘들 정도다. 몇 가지 예를 들면 다음과 같다.

'국민 철제 선반'으로 불리는 이케아 레르베리 선반은 사다리 형태라 맨 아래 부분의 공간이 남는다. 이효경 씨는 그 공간에 딱 맞는 크기로 나무 서랍을 만들어 끼워넣은 뒤 수납장처럼 사용한다. 다른 사람이 내놓은 평상은 안방 베란다에 두었는데, 책꽂이 두 개를 붙여서 만든 평상 전용 미니 테이블 덕분에 이효경 씨의 남편은 평상에서 라면을 먹을 때마다 한강에서 먹는 기분이라고 한다. 이효경 씨의 리사이클링 하이라이트는 공사장에서 버린 목재 패널을 얻어와 체리색 나무 벽에 붙여 새로운 색으로 페인팅한 것과 거실 베란다의 홈 카페다. 벽에 걸린 카페 메뉴판은 버린 장롱 뒤판을 잘라 직접 만들었다. 핸디코트를 이용해 홈 카페 벽을 꾸민 것도 굉장히 멋지다.

그 밖에도 주방 상부장에 없던 선반을 만들었고, 2중으로 그릇을 쌓을 수 있는 접시 정리대 역시 나무에 못을 박아서 만들었다. 요즘은 수저통도 종류별로 꽂으라고 2~3개씩 구성되어 있는 제품이 많은데, 이효경 씨는 하나의 수저통에 철사를 감아 구획선을 만들어 사용 중이었다. 주방의 투명한 창문을 모자이크 형태의 불투명한 창문으로 바꾸고 싶어 그냥 유리 시트지를 붙여 해결했다. 다 사용한 물티슈 뚜껑 두 개를 맞물리게 붙여서 면봉을 보관하는 작은 통도 만들었고, 더운 날 화장을 할 때 유용하도록 핸디 선풍기를 거울에 붙여버렸다. 천장에 에어컨을 설치하려면 너무 비싸고 이동식 선풍기를 끌고 다니는 건 너무 번거롭던 차에 생각해낸 아이디어였다. 집에 굴러다니는 핸디 선풍기의 재발견이 아닐 수 없다.

> "저에게 리폼이란 새 생명과 같아요. 환골탈태라고 하잖아요. 낡은 물건이지만 내 입맛에 맞게 우리 집에 와서 또 다른 모습으로 변신시킬 수 있어요. 전 그런 모습이 너무 좋아서 헌 물건을 볼 때 기대가 돼요. 공간 박스에다 판자를 하나 대고 경첩을 이용하니까 문이 생기잖아요. 그런 모습이 너무 신기한 거예요. 바퀴를 달면 이동도 되고, 꺾쇠를 이용하면 선반도 생겨요. 그렇게 새로운 가구를 만들 수 있어요. 응용하면서 점점 재활용의 영역을 넓히는 거죠."

오래되고 낡은 것들을 다 버리고 흰색 수납함으로 도배한 공간은 돈만 있다면 누구나 만들 수 있다. 하지만 이효경 씨처럼 오랜 시간 직접 살림을 하며 자신만의 재활용 아이디어가 반영된 정리는 굉장히 사랑스럽고 귀하다. 게다가 쓰레기도 줄어드니 지구에도 도움이 된다. 이렇게 창의적인 아이디어가 정리와 만나면 환경적으로도, 경제적으로도 시너지를 낸다.

모두가 이효정 씨처럼 서랍 느낌의 가구를 만드는 수준의 리폼 전문가가 될 필요는 없다. 다만 나의 정리 철학이 무엇인지는 고려해볼 필요가 있다. 내가 추구하는 정리는 다른 사람들에게 좋아 보이는 정리 이미지인지, 나의 창의적인 아이디어를 바탕으로 한 나만의 생활형 정리인지를 명확히 했으면 좋겠다.

큰돈을 들여 모든 것이 새롭게 꾸며진 인테리어나 하얀색이 넘쳐나는 인테리어가 아닌 생활 속 정리에 아이디어를 더한 생활밀착형 리사이클이 진정한 고수의 인테리어가 아닐까 하는 생각이 든다. 살면서 느낀 불편함을 하나씩 해결하며 만들어낸 결과물이기 때문이다. 결국 정리는 얼마나 예쁘게 하느냐가 아니라 얼마나 편리하게 하느냐가 핵심이다. 물론 예쁘면 더 좋겠지만 우선순위는 내 생활의 불편 해소에 둬야 한다.

궁상이 아니라 취향입니다

뭘 하든 '장비'를 먼저 챙기는 사람들이 있다. 운동 삼아 가까운 뒷산을 가는데도 등산화에 등산 바지, 등산 모자까지 모두 갖춰 입어야 직성이 풀린다. 중요한 건 운동을 하고 산에 가는 것인데 장비를 먼저 챙기느라 오히려 등산은 뒷전이다.

정리도 이와 비슷한데, 정리를 시작한다면서 일단 수납함부터 먼저 사는 분들을 종종 만난다. 일단 수납용품이 있어야 정리를 하든 뭘 하든 하지 않겠냐는 논리다. 틀린 말은 아니지만 현실적인 문제가 있으니 바로 '비용'이다. 수납함 하나 가격은 만만하지만 정리가 그 수납함 하나로 딱 끝나지 않기 때문이다. 심지어 SNS에 나오는 백화점 진열대 같은 예쁜 정리함, 수납함은 한 개 가격만 해도 만만치가 않다.

이럴 때는 무턱대고 돈을 쓰는 대신 아이디어를 발휘해보자. 이런저런 상상을 하며 최대한 내가 가진 것들 안에서 정리 문제를 해결해보는 것이다. 굳이 수납함을 사지 않아도 수납을 하는 방법은 여러 가지다. 대표적인 것이 바로 종이 쇼핑백을 수납함으로 활용하는 방법이다.

종이 쇼핑백은 버리기가 참 아까운 물건이다. 특히 튼튼하고 모양이 예쁘면 나도 모르게 모으게 된다. 언젠가 필요할 일이 생길 것 같아 나중에 쓰려고 따로 모아 두는 아이템 중 하나가 바로 쇼핑백이다. 그 종이 쇼핑백을 적당한 크기로 접으면 튼튼하면서도 멋진 수납함이 탄생한다. 종이 쇼핑백으로 만든 수납함의 장점은 크게 두 가지다.

첫째, 나의 취향이 고스란히 드러나는 공간이 된다. 예쁘고 마음에 들어 모아둔 종이 쇼핑백이 아닌가? 나무 색을 그대로 담은 크라프트 종이 쇼핑백이 모인 공간이 될 수도, 알록달록 화사한 색들이 모인 공간이 될 수도, 깔끔하고 심플하게 흰색 쇼핑백만 모인 공간이 될 수도 있다. 많은 사람들이 스스로의 취향을 잘 모르고 살아가기도 하는데, 이렇게 내가 좋아하는 것들로 무언가를 만들어 모아두면 나의 취향을 쉽게 파악할 수 있는 기회가 된다.

둘째, 공간 맞추기가 수월하다. 플라스틱이나 나무로 된 딱딱한 수납함은 1센티미터의 오차도 허용하지 않는다. 내가 채우고 싶은 공간의 크기와 딱딱한 재질의 수납함의 크기가 정확히 일치해야 넣었다 뺐다 할 수 있다. 그래서 수납함을 살 때 수납함 넣을 공간의 사이즈를 정확하게 재서 수납함을 몇 개나 살지도 계산해야 한다. 하지만 종이 쇼핑백으로 만든 수납함은 안에 넣는 물건에 따라 조금 늘어나도 괜찮고, 다소 좁은 공간에 조금씩 접어서 넣어도 괜찮다. 수납함이 내가 원하는 공간에 들어가지 않아 스트레스를 받는 일 따위는 없다.

여기서 예로 든 것은 종이 쇼핑백으로 만든 수납함이지만 잘 쓰지 않는 에코백으로 실온 채소 보관함을 만들 수도 있고, 다 마신 유리 음료수 병에 수경 식물을 키울 수도 있다. 버리지 않은 에코백이나 따로 모아둔 음료수 병 역시 내가 예쁘다고 생각해서 남겨둔 물건들일 것이다. 그러니 이것들을 모아서 채소 보관존, 수경 식물존을 만들면 내 취향이 가득 담긴 공간이 탄생한다.

종이 쇼핑백, 텀블러, 에코백 등을 잘 모으기는 하는데 사용을 못하는 사람들이 종종 있다. 물건의 기본값은 '사용하는 것'이다. 진열해두고 볼 때마다 기분 좋아지는 특정 수집 품목이 아닌 이상, 자주 사용하며 만지고 느껴야 물건에게도 이롭다. 한 번도 사용되지 못한 채 색이 바래거나 오염되어 버려지는 것보다 훨씬 낫다.

정리를 잘하고 싶은데 정리 용품을 사는 것이 부담된다면 오히려 그런 상황을 기회로 생각하고 관점을 바꿔보자. 내가 가지고 있는, 다시 말해 내 취향껏 모은 물건들 중에서 정리 도구를 만들어보는 것이다. 전동 드릴이나 접착제 등도 필요 없다. 종이 쇼핑백처럼 접기만 해도 리폼이고 리사이클링이다.

기성품을 그냥 사용하기보다 나의 취향대로 정리하는 그 기회를 마음껏 즐겨보자. 좋은 아이디어가 떠오르지 않는다고 걱정할 필요없다. 세상 모든 일이 그렇듯 조금씩 하다 보면 는다. 그동안 내가 나에게 그런 기회를 주지 않았을 뿐이다.

오래 됐어도 빛나는 집의 비밀

애플 오리지널 드라마 〈파친코〉의 배경은 일제강점기와 일본의 패망 시기다. 그 시절에는 거의 모든 사람들이 먹고 자고 입는 것이 부족했다. 때문에 없는 살림에도 어떻게든 생계를 이어가기 위해 물건 대부분을 귀하게 쓰는 것을 볼 수 있다.

비단 드라마의 예시를 들지 않더라도 예전에는 정말 모든 것이 다 귀했다. 구멍 난 양말을 꿰매 신는 것은 지극히 당연했고, 옷 한 벌도 끊임없이 기워가며 물려 입었다. 닳기 쉬운 팔꿈치나 무릎에 패치를 붙이는 것이 지금은 패션 포인트라지만 그 시절엔 오래 입거나 구멍을 가리려고 붙였다.

다행히 이제는 그런 과거를 드라마로 소비할 정도로 우리의 생활 수준이 높아졌다. 하지만 그렇다고 모든 사람들이 풍족하게 먹고 마시고 즐기지는 않는다. 생활이 여유롭고 넉넉해도 알뜰한 가풍이나 솜씨 좋은 부모님의 살림과 정리 습관을 보고 배운 분들은 자신만의 스타일로 살뜰한 정리를 한다.

예를 들어 요즘엔 스탠드 에어컨보다 천장형 에어컨을 선호한다. 스탠드 에어컨은 어쨌든 공간을 차지하고, 에어컨에게 공간을 내준 탓에 소파나 책장 등을 가지런히 놓기 애매할 때가 있기 때문이다. 반면 천장형 에어컨은 인테리어를 해치지도 않고 공간 방해도 전혀 없다. 그러나 정리에 방해가 된다고 해서 멀쩡한 스탠드 에어컨을 치우고 천장형 에어컨 공사를 하기란 쉽지 않다. 비용도 많이 들고 꽤나 번거롭다. 올드한 에어컨 디자인이 전체 분위기를 망치는 것이 마음에 들진 않지만 꼭 교체만이 답은 아니다. 솜씨 좋은 살림 고수들은 이미 해답을 알고 있다.

한때 예쁜 에어컨 커버를 씌우는 집들이 많았다. 시중에 파는 에어컨 커버를 구입하는 경우도 있지만 직접 집 분위기에 맞는 에어컨 커버를 만들어 사용하기도 한다. 커튼이나 쿠션 커버, 방석 등을 만드는 홈패션이다. 정리를 비우고 깨끗하게 수납하는 것이라고만 생각하는 분들이 있는데 나는 홈패션처럼 집 안의 분위기를 나만의 취향대로 단정하게 꾸미는 것 역시 정리라고 생각한다.

1남 1녀의 어머니이자 50대 워킹맘인 이덕심 씨[27]가 바로 그런 정리를 하는 사람이다. 뜨개질, 십자수, 한국자수가 취미인 이덕심 씨는 자신이 만든 작품들을 집안 곳곳의 인테리어 포인트로 활용하며 집 안 정리마저 자신의 취향이 담긴 취미 생활로 만들었다. 예쁘게 뜬 편직물을 토스터나 요구르트 제조기 덮개로 사용하고, 수납함에 직접 만든 십자수 작품을 입혀 사용한다. 또 자수를 놓은 연잎 다포를 간식 바구니, 에어프라이어 등에 씌워 두었다. 이덕심 씨의 예쁜 자수는 앞치마, 이불, 인터폰 덮개, 손님용 수건 등 아주 다양한 곳에 자리하고 있는데 취향이 확실히 드러난 소품들이 가지런히 정리된 덕분에 집이 더욱 빛나는 느낌을 준다.

> "저는 살림을 소꿉장난하는 식으로 해요. 제가 어릴 때는 깨진 항아리 조각 등으로 소꿉놀이를 했거든요. 탱자나무 아래 양지 바른 곳에서 흙으로 밥도 짓고 반찬도 하고 국도 끓이면서 놀았던 기억이 나요. 그러니 지금 제가 하는 살림은 얼마나 좋은 소꿉놀이예요."

취미 생활로 만든 소품으로 집안 곳곳을 꾸민 이덕심 씨의 집이 그토록 따뜻해 보인 이유는 소꿉놀이를 하듯 즐거운 마음에서 정리를 했기 때문이 아닐까. 내 취향이 가득 담긴, 내가 직접 만든 소품들을 날마다 보고 만지고 사용하는 정리가 어찌 즐겁지 않을 수 있을까.

어느 집에서나 볼 수 있는 기성품을 사는 정리가 아닌, 내 손으로 만들어 탄생시킨 물건은 더 특별한 의미가 있을 것이다. 언제 어떤 마음으로 무엇을 이용해 만들었는지, 그 물건을 사용하면서 어떤 추억을 멋있는지 등 우리 집의 삶이 있는 이야기가 되니 말이다. 그렇게 창의적인 아이디어가 깃든 핸드메이드 작품들은 그만큼 애정을 쏟는 까닭에 오래도록 제자리를 지키며 집 안 분위기를 한층 더 따뜻하게 만든다.

실제로 이덕심 씨가 십자수를 놓아 만든 밸런스 커튼은 20년이 넘었다. 임신했을 때 태교를 위해 만든 작품이었는데 그때 뱃속에 있던 딸이 지금 스물세 살이다. 이 밸런스 커튼은 여전히 오래되었지만 새하얗고 빳빳한 상태를 유지하고 있다. 이덕심 씨의 살림 솜씨 덕분이기도 하겠지만, 자신의 취향이 담긴 물건을 오래도록 아끼고 보살피는 마음이 물건에 녹아났기 때문일 것이다.

그래서 나는 그저 깔끔하기만 한 정리보다 그 공간에 살고 있는 사람의 취향을 잘 드러내주는 정리가 더 재미있고 좋아 보인다. 물건을 아끼고 애정하는 사람의 바지런함이 반질반질한 가구에서 드러나고, 그 손길이 따스하게 느껴진다. 모든 것이 흔해진 시대에 자신의 물건을 오래 아끼는 모습이야말로 정감 가는 정리가 아닐 수 없다.

새로 사기 전, 아는 물건도 다시 보자

정리 컨설턴트 '마마윤' 씨[28]는 사무실 옆 공간을 따로 얻어 창고로 쓰고 있다. 그 창고 안에는 마마윤 씨의 고객들이 집을 정리한 후 내놓은 너무 멀쩡하고 좋은 물건들이 자리하고 있다.

"고객님들이 버리거나 나눔하신 물건들을 가져왔어요. 그 집에 있을 땐 빛나지 않았지만 다른 집에선 달라 보이거든요. 물건의 새 주인을 찾아주는 일을 하고 싶어서 그런 용도로 창고를 활용하고 있어요. 이를테면 자녀가 다 커서 필요 없는 유아용 옷걸이도 아이를 키우는 다른 집에선 꼭 필요하거든요. 제가 가지고 있다가 아기 있는 집 정리하러 갈 때 쓰려고 해요. 이렇게 나눔을 받은 집에서 나온 불필요한 물건은 또 다른 집에 나눔하고 있어요."

물건이라는 게 그렇다. 어떤 곳에 있느냐에 따라 짐이 되기도 하고 빛을 발하기도 한다. 물건의 문제라기보다는 그 물건을 사용하는 사람이 물건에게 제대로 된 자리를 내어주느냐 그렇지 않느냐에 따라 달라지기 때문이다. 그래서 무조건 좋은 물건도, 항상 나쁜 물건도 없다. 이를 잘 알고 있는 마마윤 씨는 그 물건들을 100퍼센트 이상으로 잘 써줄 좋은 주인을 찾아주는 재활용 전도사 역할도 겸하고 있었다.

우리는 정리 컨설턴트처럼 수많은 집을 방문하지 않는다. 그래서 마마윤 씨처럼 적재적소에 활용할 수 있는 최적의 물건을 쉽게 찾거나 따로 보관하지 못한다. 하지만 아예 불가능하지는 않다. 내가 가진 물건들을 조금만 다르게 바라보면 그동안 잘 쓰지 못했던 물건도 활용도 200퍼센트 물건으로 변신할 수 있다.

2016년에 방영된 〈우리 집엔 아무것도 없어〉라는 일본 드라마가 있다. 드라마의 주인공은 자신의 옷장을 어느 의류 매장이라고 생각하

내 삶 수발을 하는데, 내 물건을 이 드라마 속 인물처럼 제3의 시선으로 볼 수 있다면 우리도 정리 컨설턴트처럼 물건을 더 활용도 높게 사용할 수 있지 않을까 하는 생각이 든다.

우리 집의 식탁이 너무 오래되어 지겹기도 하고 디자인도 촌스럽게 느껴진다면? 무조건 버리고 새로 사는 게 정답은 아니다. 기존 식탁이 식탁의 역할을 다했다면 다른 쓰임은 없는지 고민해보는 시간을 가져보자. 거실 한구석을 북 카페처럼 쓰고 싶다면? 공부방에 보조 책상을 추가로 마련하고 싶다면? 내 취미 생활용 테이블이 필요하다면? 그 자리에 버리려고 했던 식탁을 넣어보자. 식탁으로 쓰기에는 별로였지만 다른 테이블 용도로는 훌륭하게 제 역할을 할 수도 있다. 적절한 용도를 찾지 못해 방치해두었던 예쁜 천을 덮어 분위기를 색다르게 바꿀 수도 있다.

이런 식으로 식탁의 생명 연장이 가능해지면 정리의 기쁨이 찾아온다. 생각지도 못한 새로운 물건을 들인 기분도 나면서 돈도 아끼고, 버려질 뻔한 식탁을 다른 이름으로 빛나게 해주었다는 뿌듯함마저 느낀다. 같은 물건이지만 새로운 얼굴로 만들어주는 재활용 정리의 정석이라 할 수 있다. 그리고 새 식탁은 새 식탁대로 환영해주면 된다.

수납함을 정리하면서 버리고 싶은 이유를 찾을 때도 있다.

'너무 오래되고 낡았어. 그래서 정리를 해도 지저분해 보여.'

'투명해야 안에 뭐가 들었는지를 알 수 있는데 불투명해서 불편해.'

이런 이유라면 버리고 새로 사도 될까? 새로 사기 전에 한 번 더 비우고 싶은 물건들을 바라보자. 수납함은 사실 대부분 옷장 안이나 주방 상하부장 안쪽, 냉장고 안, 베란다 같은 창고로 쓰는 공간 등에 숨어 있다. 수납함 자체의 깨끗함보다는 그 안에 물건을 얼마나 효과적으로 정리할 수 있느냐가 관건이다. 만약 그런 정리가 불가능할 정도로 수납함에 문제가 있다면 그때는 교체를 고려해보아도 좋겠다.

버리는 수납함은 물건의 높이가 너무 낮아 사용하기 불편한 곳으로 보내자. 예를 들어 빨래통이 바닥에 있어 들어 올릴 때마다 허리를 숙이느라 불편하다면 버리는 수납함을 놓고 그 위에 빨래통을 두는 식으로 말이다. 더 이상 수납함으로 쓰지는 않아도 나의 생활에 큰 도움이 된다. 허리를 덜 숙여도 되니 생활이 한결 편해진다.

불투명한 수납함이 불편하다면 라벨링을 통해 문제를 해결해보자. 반드시 투명해야 내용물 파악을 할 수 있는 건 아니지 않은가? 라벨지나 포스트잇을 이용해 안에 뭐가 들었는지 적어주기만 하면 끝이다.

새로 사는 건 누구나 할 수 있지만 나의 아이디어로 내 물건을 새롭게 사용하는 건 나만이 할 수 있는 일이다. 재활용을 활용한 현명한 정리 습관으로 내 삶에 편리함과 즐거움을 더해보자.

물건의 쓸모를 찾아주는 정리

정리를 하다 보면 '이게 뭐지?' 싶은 내가 사지 않은 물건들도 꽤 나온다. 대부분 친구나 형제자매, 부모님이 '좋은 거.'라면서 내 손에 쥐어 준 물건들이다. 나 역시 좋은 물건을 경험하면 가까운 누군가에게 선물하기도 한다. 하지만 아무리 좋은 물건이라도 나의 필요, 나의 취향과 맞지 않으면 제대로 활용되지 못하는 법. 이런 상황에서 내가 하고 싶은 말은 이것이다.

"버릴 물건도 다시 보자."

아주 오래전 "꺼진 불도 다시 보자."는 불조심 표어가 있었다. 이 표어를 정리에 맞게 바꿔본 것인데, 버릴 물건을 다시 보면 의외로 많은 쓰임새가 떠오르곤 한다.

사실 물건을 파격적으로 버리고 비우길 좋아하는 사람은 많지 않다. 내 취향이 아니더라도 선물로 받은 물건은 준 상대방을 생각하면 쉽게 버리기가 힘들다. 그럴 때 불편한 마음으로 겨우 버리는 대신 버리고자 했던 물건을 다시 한 번 바라보았으면 좋겠다. 이 과정이 바로 재활용 그 자체라고 할 수 있다.

4남매의 어머니이자 맞벌이 부부로 사는 40대 워킹맘 '박목동' 씨[29]는 재활용의 달인이다. 4남매를 우르르 몰고 다녀서 '목동'이라는 애칭을 쓰는 박목동 씨는 화분받침대를 주방 조리대에 둬 수납 도구로 사용하고, 호떡 누름쇠를 화장대 거울로 쓴다. 행잉 식물을 키우던 바구니는 화장품을 담아 걸어두는 공중 화장대로 만들었다. 주방 수납함이든 화장대든 검색만 하면 더 예쁘고 새것인 물건을 바로 구입할 수도 있었을 텐데, 집에 있는 물건들을 자신의 필요에 따라 다르게 사용하는 것이 익숙한 달인이었다.

> "새로 사는 걸 별로 안 좋아해서 일단 있는 걸로 다 사용해봐요. 빨래 바구니는 친정 어머니가 주신 건데 눕혀서 주방 하부장에 두고 수납력을 높였어요. 책 정리를 하고 나니까 책꽂이가 많이 남아서 이것도 싱크대 하부장 구석에 두고 물건 정리하는 데 활용했어요."

이뿐만이 아니다. 갓이 망가진 램프에는 휴지심을 끼워 한밤중에 유용한 유도등으로 사용하고, 다 먹은 요거트 통은 깨끗하게 씻어 매니큐어나 아이들 학용품 등을 담는 용도로 쓴다. 다 마신 플라스틱 테이크아웃 커피 컵은 냉장고 속에서 일회용 소스를 담는 수납함이 되었다.

> "딱 보면 수납할 수 있는 애들은 느낌이 오잖아요. 걔네들이 시그널을 막 보내요."

우리 집에 온 물건을 이렇게 애정 어린 시선으로 바라보는 사람은 재활용의 달인이 될 수밖에 없겠다는 생각이 든다. 물건의 다양한 쓸모를 고민하는 사람이기에 물건이 보내는 시그널을 알아챌 수 있는 것일 테니까.

사실 건전지를 끼우고 벽에 붙이기만 해도 되는 유도등은 인터넷에서 몇 천 원이면 살 수 있고, 화장대 서랍이나 책상 서랍 안에 두고 쓸

1,000원짜리 수납 상자는 다이소에 수없이 많다. 냉장고 안에 두고 쓸 수납 용품들 역시 마찬가지다. 그러나 박목동 씨는 자신의 정리 취향과 기준이 '새 물건'이 아닌 이미 갖고 있는 물건의 '재활용'임을 확실히 알고 있었다. 그 덕분에 그녀는 물건을 사기 위해 이것저것 알아보는 시간도, 지출도, 공간도 모두 지킬 수 있었다.

제품 이름이 그대로 드러난 요거트 통이나 일회용 커피 컵 수납함을 보고 누군가는 고개를 갸우뚱할지도 모른다. 예쁜 제품을 사서 쓰는 게 집 정리에 더 효과적이라고 생각하면 이해가 가지 않을 수도 있다. 그러나 이건 라이프스타일의 차이일 뿐이다. 한창 자라는 아이들이 많은 집은 취향보다 실용적인 것이 더 중요할 수 있다. 활동성이 큰 아이들은 물건을 함부로 써 망가지는 일도 다반사이고, 아이들의 취향도 수시로 변하지 않던가.

부모의 취향에 따라 아이에게 정리 방법을 강요하기보다 아이들이 스스로 휴지심이나 간식통으로 직접 재활용을 경험하게 하는 것이 좋은 보다 정리 교육이다. 우리가 어렸을 때를 생각해보라. 어른들 눈에는 보잘것없던 상자나 깡통 등에 소중한 보물들을 담아 애지중지했던 지난날을 말이다. 우리 집에 들어온 물건의 쓰임을 찾아주는 정리란 바로 이런 것이다.

버릴 물건을 다시 보는 일은 금손일 필요도 없고, 미적 센스가 필요하지도 않은 누구나 할 수 있는 일이다. 어떤 경로가 되었든 우리 집에 들어온 물건은 어찌 보면 나와 인연을 맺은 것과 같다. 그러니 맘에 안

든다고, 필요 없다고 그냥 보내버리기 전에 잠시 이 물건의 쓰임을 고민해보자. 쓰임이 없다고 생각한 물건들에게서 나에게 딱 맞는 쓸모를 발견할 때의 그 희열을 느껴보자. 즐거운 놀이이자 또 다른 정리 포인트가 될 것이다.

영상으로 더 자세히 보기

26. 이효경 씨
전국살림자랑 ep.11

27. 이덕심 씨
전국살림자랑 ep.13

28. 마마윤 씨
전국살림자랑 ep.7

29. 박목동 씨
전국살림자랑 ep.20

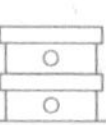

작은 시도로 커다란 편리함을 얻는 재활용 꿀팁

막대 걸레를 고정시키는 다양한 방법

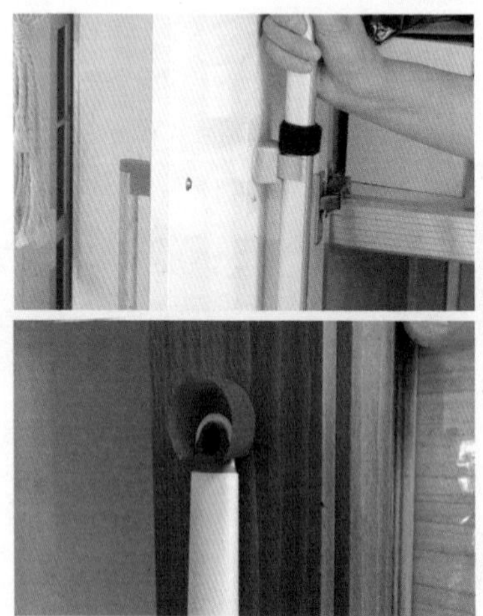

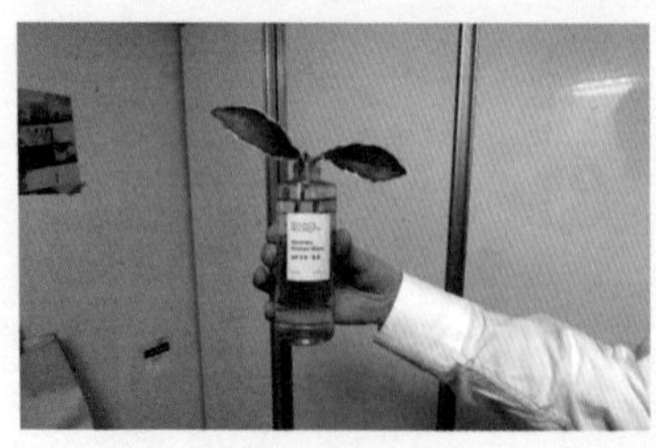

자꾸만 쓰러지는 막대 걸레는 벨크로를 감아 턱을 만들어주거나 우유병 뚜껑을 잘라 벽에 붙인 후 그 사이에 고정해주면 절대 넘어지지 않는다.

빈 병이 멋진 화분으로

다 사용한 용기 중 마음에 드는 유리병에 수경 식물을 키워보자. 재활용도 하면서 내 취향에 맞는 용기들이 모여 있으니 아주 마음에 드는 공간으로 재탄생한다.

다 쓴 휴지심 활용법

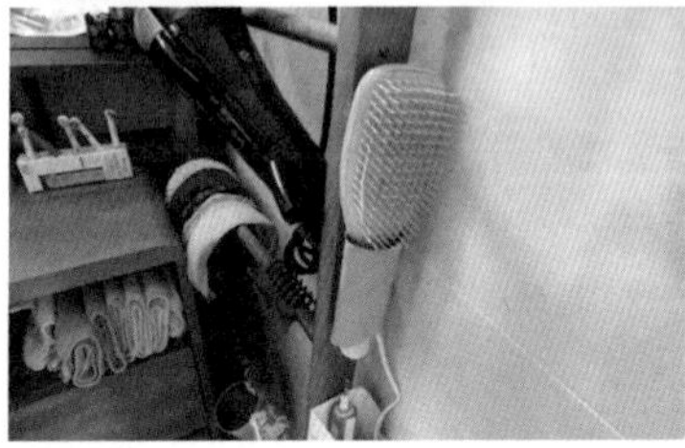

휴지심은 어디에나 활용할 수 있는 편리한 재활용 아이템이다. 고정하고 싶은 물건이 있다면 주방이든, 화장대든 휴지심을 붙이고 그 안에 물건을 꽂아주기만 하면 된다.

나만의 맞춤형 수납함 만들기

나무 옷걸이에 플라스틱 바구니를 글루건으로 붙여주기만 하면 드라이기 등을 넣을 수 있는 수납함이 아주 쉽게 완성된다.

버려지는 컵 홀더 활용하기

커피컵 홀더 네 개를 딱지처럼 맞물리면 훌륭한 냄비 받침대가 된다. 오래 사용해 더러워지면 버리고 또 만들면 되니 부담도 없다.

옷이 자꾸 미끄러질 때 꿀팁

벽에 거는 원목 옷걸이의 고리가 미끄러워 옷이 쉽게 떨어진다면 다 쓴 고무장갑을 잘라 씌워주자. 옷이 절대 미끄러지지 않는다.

피자 세이버가 달걀 세이버로

피자가 흐트러지지 않게 고정하는 피자 세이버는 달걀을 세워놓기에 안성맞춤이다. 달걀 요리를 하기 전 잠시 상온에 두어야 할 때 피자 세이버를 활용해보자.

버려지는 식빵 클립의 변신

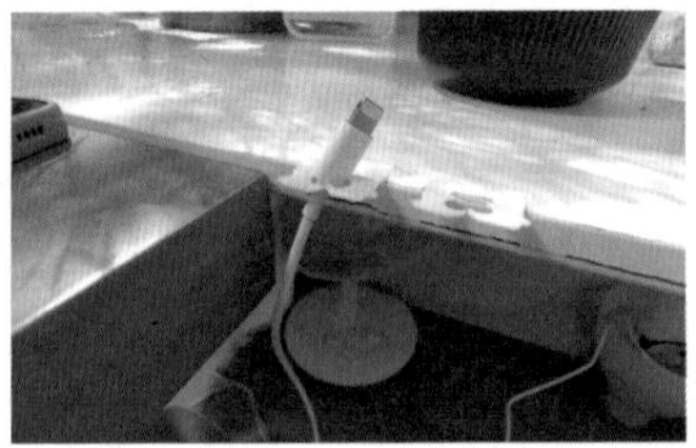

식빵 클립은 휴대전화, 아이패드 등의 충전선을 고정할 때 활용하면 좋다. 책상 한쪽에 붙여 충전선을 거치해두면 언제든 편리하게 전자 기기를 충전할 수 있다.

나만의 액세서리 존 만들기

아이의 머리핀을 보관하는 용기를 따로 살 필요가 없다. 머리핀을 살 때 같이 오는 종이에 그대로 꽂아 보관해두면 그만이다.

여행 용품을 일상 용품으로

여행용 플라스틱 칫솔통은 여행 다녀오고 나서 그냥 버리기 쉬운데, 깨끗이 닦아 필통으로 사용해보자. 크기도, 무게도 휴대하기 정말 편리하다.

지구와 나를 위한 제로웨이스트 정리

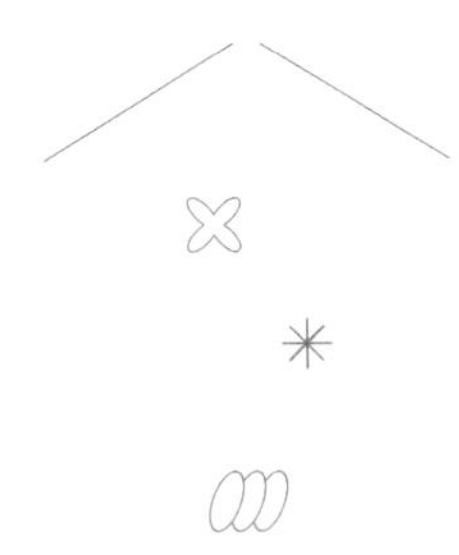

지난 2024년 3월, 브라질 중남부 지역에 위치한 상파울루 가톨릭대학교에서 비키니 차림으로 등교하는 여대생들의 모습이 화제가 된 적이 있다. 이들이 비키니 시위를 하게 된 이유는 체감 온도가 60도에 육박하는 더위 때문이었다. 상상도 할 수 없는 온도였지만 에어컨이 설치된 교실이 거의 없어 학생들이 비키니를 입고 등교하며 이에 항의했던 사건이다.

오늘날 기후변화는 비단 북극곰의 생명을 위협하는 데서 끝나지 않는다. 해수면 상승 및 이상 기온으로 인류의 안전마저 장담하지 못하는 상황이 계속되고 있다. 해마다 유례없는 물난리와 가뭄, 폭염과 강

주위고 지구가 몸살을 앓고 있는데 우리 인간이 그 피해를 만드는 동시에 직접 겪고 있는 중이다.

이런 뉴스를 접할 때마다 사람들은 그 순간만큼은 심각성을 느낀다. 앞으로 우리가 살 지구를 걱정하기도 한다. 하지만 그 걱정이 그리 오래 가진 않는다. 아마도 '내가 살아 있는 동안은 괜찮겠지.' 하는 생각이 들기 때문일 것이다. 그러지 않고서야 아무렇지 않게 일회용품을 사용하고, 일상적으로 패스트 패션을 소비하며 필요 이상으로 냉난방을 돌릴 리 없다.

정리 이야기를 하다가 갑자기 지구를 걱정하는 이유는, 정리에도 친환경이 존재하기 때문이다. 두 아이의 아빠인 나로서는 우리 아이들이 살아갈 미래에 대한 걱정을 하지 않을 수가 없다. "내일 세상이 멸망해도 나는 오늘 한 그루의 사과나무를 심겠다."라는 생각을 보다 많은 사람들이 했으면 좋겠다. 내일을 생각하는 그런 마음이 있어야 보기에만 좋은, 멀쩡한 물건을 버리고 새로 산 수납함을 줄지어 세워두는 정리를 멈출 수 있다. 정리를 한다면서 수납함을 사고 또 사고, 청소 도구를 사고 또 사는 일을 멈출 수 있다. 지구를 생각하는 마음으로 보다 실용적이고 친환경적인, 그러면서도 나만의 개성을 살린 정리를 시작해보자.

요즘 케이블 채널에서는 1980년부터 2002년까지 무려 22년 동안 방송됐던 MBC 드라마 〈전원일기〉를 수시로 보여주곤 한다. 나도 채널을 돌리다가 가끔 보는데, 그 시절의 추억이 떠올라 재미있기도 하고 그때와 지금의 생활상이 얼마나 달라졌는지를 확인하며 새삼 깜짝 놀라기도 한다.

얼마 전에 본 이야기는 농산물을 사는 사람들의 모순된 행동에 관한 것이었다. 농약을 아예 안 쓰면서 벌레가 하나도 먹지 않은, 깨끗하고 예쁘게 생긴 농산물을 사고 싶어 하는 사람들의 마음이 얼마나 잘못됐는지에 대해 등장인물들이 성토하고 있었다.

> "흠 하나 없는 걸 원하면서 농약을 아예 치지 말라니, 이게 말이 되는 소리야?"

이런 내용의 대사를 청년회 농사꾼들이 주고받았다. 등장인물들의 이야기에 따르면, 농약의 사용 여부보다 중요한 것이 상품의 가치였다. 즉 벌레 먹은 데 없이 깨끗하고 일정한 모양과 크기를 유지하는 것이 농산물 값을 조금이라도 더 많이 받는 데 유리하다는 얘기였다. 모양이 조금이라도 틀어지거나 살짝 흠집이라도 나면 도무지 팔리지 않으니 말이다. 그런데 농약을 조금도 아니고, 아예 뿌리지 않은 것을 찾는 사람들 배분에 납납하냐고 했다. 농약을 치지 않아 벌레가 먹고 흠이 생긴 것인데, 예쁜 무농약 채소를 팔라니 이 얼마나 말도 안 되는 논리인가?

이런 모순적인 상황이 정리에도 적용될 때가 있다. 보기 좋은 정리를 하기 위해 기존에 있던 멀쩡한 물건들을 싹 버리고 정리를 위한 새 물건들을 사는 것이 대표적이다. 냉장고를 열었을 때 같은 종류의 음료수가 진열되어 있거나 팬트리에 하얗고 깨끗한 흰색 수납함이 주르륵 줄지어 자리한 이미지가 그렇다.

물론 눈으로 보기에는 깨끗하고 좋다. 하지만 정리는 불필요한 물건을 비우고 자주 쓰는 물건을 내 동선에 맞춰 편리하게 두는 일이지, 다 바꾸고 새로 사는 게 아니다. 그래서 나는 돈부터 쓰고 보는 정리를 일단은 멈추라고 말하고 싶다. '정리를 위한 정리' 말고, 실용적이면서 지구에도 도움이 되는 친환경 정리를 하길 바란다.

다행히 요즘은 친환경이 중요한 화두로 떠오르면서 사람들의 생각도 많이 변하고 있다. 흠 하나 없이 보기 좋기만 한 제품 대신 흠집이 있지만 저렴한 제품을 선호하기도 한다. 생긴 건 별로지만 맛은 똑같은 맛난이 채소, 우박을 맞아 상처가 나거나 땅에 떨어져 생긴 흠집을 예쁘게 부르는 보조개 사과 등이 대표적이다. 맛도 좋고 가격도 착하고 농가에도 도움이 되는 착한 소비가 아닐 수 없다.

제품 자체의 문제가 아니라 단순히 모양 때문에 상품성이 떨어져 저렴하게 살 수 있는 물건들은 또 있다. 두피 자극도 적고 환경 오염도 줄여주는 샴푸바와 트리트먼트바, 친환경 주방 세제인 설거지바 등이다. 날마다 사용하는 세정제들인데 플라스틱 쓰레기를 만들지 않는다는 장점이 있다. 샴푸바나 설거지바에 음료수병 뚜껑을 꽂아 사용하면 비누 거치대도 필요 없고, 쓰레기 하나 남기지 않고 끝까지 사용할 수도 있다.

요즘에는 이런 바 형태의 세정제에도 못난이가 등장했다. 제조 과정에서 스크래치가 나거나 모양이 안 예쁘게 나온 것들을 모아서 저렴하게 판매하는 것이다. 마치 맛난이 채소처럼 말이다. 사람에게도 순하고, 지구에도 도움이 되고, 폐기될 뻔한 제품을 팔 수 있어 생산자에게도 이로운 친환경 소비가 아닐 수 없다. 요즘에는 이런 세정제를 직접 만드는 방법도 쉽게 찾을 수 있다.

비슷한 친환경 소비는 더 있다. 일회용 제품이나 지속적인 쓰레기를 만들지 않는 다회용 커피 필터, 다회용 커피 캡슐, 빨아 쓰는 다회용 화장솜, 일회용 지퍼백 대용으로 쓰이는 다회용 음식 보관 포장지인 허니 포켓 밀랍랩 등이다. 이러한 제품들은 집 안 정리에도 큰 도움이 된다. 다량의 일회용품이 아닌 한 개를 여러 번 쓰는 것이기에 집안 곳곳에 물건 쌓아둘 필요가 없기 때문이다. 다회용 제품 사용으로 환경 오염은 물론 정리하는 데 소모되는 에너지, 공간 낭비까지 크게 줄일 수 있다.

우리는 삶을 살아가는 동안 내가 생활하는 공간을 지속적으로 정리하며 살아간다. 그 정리 방법 중 하나로 지속가능한 지구를 위한 정리에도 관심을 기울이면 좋겠다. 못난이와 자투리가 지구의 정리를 구한다는 마음으로 말이다.

정리의 제1원칙은 '선 정리 후 구입'

정리를 너무 집 안의 환골탈태 수준으로 접근할 필요는 없다. 그런 대대적인 정리는 시작도 하기 전에 사람을 지치게 만든다. 나에게 맞는 정리는 살면서 내가 불편함을 느끼는 부분 조금만 바꿔도 이전보다 훨씬 편리해지는 부분 위주로 시작하는 게 더욱 효과적이다.

사람들이 좋다고 해서, 혹은 다른 사람들이 쓰는 게 예뻐 보여서 무턱대고 사서는 안 된다. 그런 소비는 운동을 결심하고 운동복을 샀을 때처럼 기분만 내줄 확률이 크다. 진짜 도움이 되는 일은 실질적으로 정리를 시작하는 것이 아닌가. 정리의 원칙 중 '선 정리, 후 구입'이 가장 중요하다.

나에게 꼭 맞는, 나에게 정말 필요한 물건은 실제로 정리를 시작하고 나서 사도 결코 늦지 않다. 정리를 하고 직접 생활을 해봐야 내게 진짜로 필요한 물건이 무엇인지를 확인할 수 있기 때문이다. 때로는 정리를 하면서 더 이상의 수납함이나 옷걸이가 필요 없다는 걸 확인하기도 한다. 정리의 의미는 나의 생활 공간을 최대한 확보하고, 내 삶을 정돈하는 데 있다. 그리고 이왕이면 나의 지갑까지 지키는 정리가 더 좋다.

몇 가지 예를 들어보자. 일단 옷장과 드레스룸 정리를 할 때 같은 옷걸이를 써주면 전체적으로 단정한 느낌이 드는 것이 사실이다. 하지만 내가 옷을 얼마나 남기고 비울지, 어떤 옷을 어디에 걸어둘지, 얼마나 걸고 얼마나 개켜서 보관할지 등을 결정하기 전까지는 옷걸이를 사지 않아도 된다. 내가 가지고 있는 옷걸이를 컬러별, 소재별로 나눈 후 최대한 비슷한 것들끼리 배치해도 충분히 정돈된 느낌이 난다. 아우터류, 셔츠류 등 옷의 종류에 따라 옷걸이를 구분해주어도 좋다. 정리 기준을 '선 정리, 후 구입'으로 정해놓으면 일단 가지고 있는 물건을 어떻게 사용할지 먼저 고민해보는 일이 아주 자연스러워진다.

안 쓰는 물건, 불필요한 물건을 비우며 텅 비어버린 수납장이나 수납함, 공간 박스 등이 생기는 상황도 생각해보자. 빈 공간이 생겨 속이 다 시원할 것이다. 그 기분이라면 물건이 싹 사라진 수납장, 수납함 등도 당장 내다버리고 싶어진다. 하지만 너무 성급하게 결정하지 말자. 정리는 한 번으로 완성되는 일이 아닌, 실제로 생활하면서 조금씩 수정하는 단계를 거쳐야 하는 일이기 때문이다.

깔끔하고 예쁘게 정리했다 하더라도 내 동선과 맞지 않으면 쉽게 흐트러지기 마련이다. 어떨 땐 다시 예전의 정리 방식으로 돌아가야 할 수도 있다. 내가 버리려고 했던 수납함이나 공간 박스 등이 다시 필요해지는 순간이다. 버리고 새로 사는 것도 자주 하면 할수록 지구와 정리에 부담이 된다. 물건을 살 때만큼이나 버릴 때 역시 신중하게 결정했으면 좋겠다.

또한 정리는 시간을 두고 하는 일이다. 하루에 책상 서랍 하나만 정리할 수도 있고, 어느 날은 옷장 한 칸을 정리할 수도 있다. 안방을 정리하며 필요 없어진 수납함을 처분했다가 다른 방을 정리하며 이미 처분한 안방의 수납함이 아쉬워질 때가 생긴다. 그러니 정리는 어느 한 곳을 다 했다고 해서 끝이 아니라 공간 전체를 생각해야 한다. 여기선 필요 없는 게 다른 곳에선 필요해질 수도 있다.

빨리빨리 결과를 내고 싶은 마음을 누가 모르겠는가. 빨리 정리해서 예전과 완전히 다른 공간을 마주하고 싶은 그 마음 말이다. 하지만 정리는 어디까지나 실제 '생활'이다. 내가 생활하면서 느끼는 지저분한 공간을 치우고, 더 효율적인 동선을 고려하고, 더 쾌적한 환경을 만드는 일이다. 즉 하루아침에 끝낼 수 있는 일이 아닌 것이다. 그러니 집 전체를 한 바퀴 다 돌며 정리를 끝내기 전까지는 쉽게 무언가를 버리지 말자. 새로운 물건은 기존 물건이 망가져 고치는 것마저 힘들어졌을 때 사도 늦지 않다.

이런 식으로 정리를 하다 보면 '아, 이 수납함은 저 방에서 쓰면 되겠구나', '저걸 여기에 가져다 놓으면 더 좋겠구나' 하는 아이디어가 절로 떠오른다. 그렇게 전체적인 정리가 다 끝났다는 생각이 들 때, 수납함이나 공간 박스 등을 한동안 놔두었음에도 더 이상 사용할 일이 생기지 않을 때 비로소 버리면 된다. 수납함과 옷걸이를 새로 사며 정리하는 기분을 느끼는 데만 집중하지 말고, 이 과정을 거치는 정리를 생활화하길 바란다. 이것이 바로 친환경적이고 리사이클링을 실천하는 착한 정리다.

행복도 정리도 '강도'보다는 '빈도'

요즘은 정신을 똑바로 차리지 않으면 나도 모르게 홀린 듯 물건을 구입하는 경우가 많다.

"이걸 먹고 자기만 하면 저절로 살이 빠집니다."
"이걸로 닦기만 하면 모든 게 다 깨끗해집니다."
"이걸 입기만 하면 당신도 이 모델처럼 멋있어집니다."

'이것만 있으면', '이것만 사면' 등 우리가 접하는 수많은 메시지들이 돈을 쓰게끔 우리를 공략하고 있기 때문이다. 상술에 넘어가지 않겠다고 여러 번 다짐을 해도 소용없을 때가 많다. 광고는 점점 진화하고 있다. 광고인지도 모르게 지나가도 우리 뇌엔 이미 인식이 된 후다. 그래서 정신을 똑바로 차려야 한다.

그럼에도 우리가 굉장히 쉽게 무너지는 순간이 있다. 내가 힘들거나 불편하다고 여기는 포인트를 광고가 잘 긁어줄 때다. 청소나 정리가 너무 귀찮아서 쉽게 할 수 있는 방법을 찾는 사람에겐 '이걸 쓰면 청소가 아주 쉽다'는 이야기가 매우 혹하게 들린다. 하지만 그렇게 좋다는 청소 용품을 늘려도 드라마틱한 변화는 일어나지 않는다. '행복은 강도보다 빈도'라는 말이 있든 청소와 정리도 마찬가지이기 때문이다.

주방에서 음식을 만들어 먹으면 가스레인지나 인덕션 근처에 음식물이 잘 튄다. 국이 끓어 넘치기도 하고, 고기나 생선을 굽다가 기름이 튀기도 한다. 그런 오염을 제일 깨끗하게 닦아주는 게 무엇일까? 그건 특정 세제가 아니라 바로바로 닦을 수 있는 행주다. 세제 한 방울 없이 그저 물에 적셨다가 꾹 짠 행주만으로도 충분하다.

하지만 가스레인지 근처에 튄 기름때가 몇 달 동안 방치된 상태라면 이야기가 달라진다. 주방 후드 필터에도 기름때가 심각하게 붙어 있어 도저히 청소를 미룰 수 없는 시기가 되면 찐득하게 굳어버린 기름때를 녹일 수 있는 강력한 세정 제품이 필요하다. 베이킹소다, 과탄산소다 등의 가루를 꺼내게 되고, 소금이나 식초 등 화학 반응을 일으키는 재료들도 섞어보고, 강력한 세정 효과가 있다는 유명한 브랜드 제품도 사들인다.

실제로 오랜만에 청소를 해보면 알겠지만 아무리 좋은 제품을 써도 딱딱하게 굳어버린 오래된 오염물 앞에서는 무용지물일 때가 많다. 팔이 떨어져 나갈 듯, 손가락이 후들후들 떨릴 정도로 벅벅 문질러야 겨우 닦인다. 세정 제품이 독해서 마스크는 필수고 아무리 귀찮아도 환기까지 꼼꼼하게 해주어야 한다. 이렇게 청소를 하고 나면 한동안 청소가 하기 싫어져 미루고 미루다가 다음 청소 때 이 과정을 똑같이 반복한다.

그러다 보면 몇 번 사용하지 않은 세정 제품들이 많아져 이걸 정리하는 것도 일이다. 수납도 일이고, 그 물건들에 먼지가 뽀얗게 쌓이면 나중에는 손도 대기 싫어진다. 게다가 청소를 자주 안 하다 보니 세정 제품의 유통 기한도 훌쩍 지나버리기 쉬운데, 용량이 많이 남아 있어 미련 없이 비우지도 못한다.

하지만 자주 청소를 하면 이런 일이 전혀 생기지 않는다. 물 묻은 행주로 쓱 닦기만 해도 가스레인지와 싱크대 대부분의 오염물이 쉽게 지워지는데 강력한 효과를 자랑하는 세정제가 무슨 필요가 있을까? 그때그때 자주 닦아주기만 해도 여러 청소 도구나 세정 제품들을 들이지 않아도 되니 베란다와 수납장 정리가 한결 가뿐해진다.

이런 식으로 손이 부지런한 사람은 청소와 정리의 빈도는 잦을지 몰라도 '어려움의 강도'가 훨씬 낮다. 큰 힘을 들이지 않아도 깨끗함을 늘 유지하는 습관 덕분이다. 그래서 이들은 청소와 정리를 말 그대로 습관처럼 일상적으로 한다. 나중에 할수록 힘만 더 들고 별로 깨끗해지지도 않는다는 걸 확실히 알기 때문이다.

이런 집에는 물건의 종류도 많지 않다. 고체 비누 하나로 욕실 청소를 끝내거나 바디워시를 조금 짜서 푼 물로 세면대도 닦고 욕조도 닦고 욕실 바닥 청소까지 한다. 유통 기한이 지난 치약도 훌륭한 세정제인데, 오래된 치약을 따뜻한 물에 풀면 그 물로 수전의 물때를 쉽게 지울 수 있다. 치약의 옆구리를 갈라 세탁기에 넣고 돌리면 세탁조 청소도 된다. 세탁기에 낀 섬유의 때나 물이 고여 생긴 물때는 백식초로 닦으면 그만이다.

이렇게 여러 세정 제품 없이도 쉬운 청소와 간단한 정리를 하는 사람들은 기본적으로 제품의 성능을 신뢰한다. 그래서 한걸음 더 나아가 손 닦는 비누, 세수하는 클렌징폼, 몸 씻는 바디워시, 머리를 감는 샴푸 등 다양한 제품을 구비하는 대신 가장 마음에 드는 비누 하나로 모든 걸 해결하기도 한다. 생각해보면 그렇다. 우리가 한 달에 한 번만 씻는 것도 아니고, 날마다 수시로 손도 닦고 매일 밤 샤워를 하고 머리를 감지 않던가. 묵은 때를 씻을 이유가 없는데 굳이 얼굴 따로, 몸 따로, 손 따로, 머리 따로 씻는 용도의 제품들이 다 필요할까 싶다. 제품이 가진 세정력을 믿는다면 순한 제품 하나로도 모두 해결할 수 있다. 그렇다면 욕실에 즐비한 많은 세정 제품들을 치워도 된다. 물때 낄 걱정, 욕실 청소를 할 때마다 치워야 하는 번거로움까지 함께 싹 사라지게 될 것이다.

무엇으로 청소할지, 무엇으로 씻을지는 취향의 문제이긴 하지만 잊지 말아야 할 사실은 수시로 습관처럼 닦고 치우는 것만이 가장 손쉬운 방법이라는 점이다. 생활 습관으로 해결할 수 있는 일에 쓸데없이 많은 제품들을 사느라, 그렇게 사들인 물건들을 정리하느라 괜히 기운만 빼지 않았는지 생각해보자. 그런 나의 선택들은 지구에도 결코 도움이 되지 않았을 것이다.

갖고 있는 물건은 쓰임이 다할 때까지 쓴다

환경을 위해 지속적으로 사용 가능한 에코백이 어느 날 갑자기 대량 생산되면서 더 이상 '에코'백이라고 부르기 힘들어졌다는 자조적인 이야기를 들어봤을 것이다. 에코백을 만드는 과정에서 생기는 온실가스나 폐수 등이 오히려 환경에 악영향을 미치기 때문이다. 이런 현상은 에코백뿐 아니라 일회용 플라스틱 컵 대신 사용하는 텀블러를 생산할 때도 발생한다.

내가 제일 마음에 드는 물건을 하나 사서 그 물건의 수명을 다할 때까지 쓴다면 친환경적인 행동이 맞지만, 너도나도 에코백과 텀블러 등을 기념품이나 판촉물 등으로 만들면서 집집마다 물건들이 넘쳐나고 있다. 많은 것들이 흔해진 이 시대의 친환경 정리는 내게 필요한 물건을 적당히 소유하고 끝까지 사용하는 것이 아닐까?

예를 하나 들어보겠다. 신혼 초에 10평대 집에서 살 때 32인치 TV를 샀다. 시간이 흘러 아이들이 태어나고 부부가 열심히 돈을 모아 28평 아파트로 이사를 갔다. 그런데 28평 아파트의 거실에 32인치 TV를 두자 예전 집에서는 충분해 보였던 TV가 갑자기 작고 볼품없어졌다. 이때 여러분이라면 어떤 선택을 할 것인가?

'알뜰살뜰 모아 이사도 왔는데 이제는 예전보다 좀 쓰면서 살아도 되지 않을까?'

'넓은 집으로 이사온 기념으로 새 TV를 장만해볼까? 우리에게 주는

선물로?'

이런 마음이 드는 게 자연스럽지 않을까? 더 나은 미래를 위해 열심히 일하고 돈을 벌고 모았으니 어느 정도 보상을 누리는 일도 필요하다고 생각한다. 하지만 단순히 '나도 좀 누리면서 살겠다'는 식의 결심보다 더 현명한 태도는 '언제 지갑을 열어야 하는가'에 대한 명확한 소비 기준을 정하는 것이다.

사실 이 상황은 두 아이의 어머니이자 가계부를 쓰는 40대 주부 유튜버 '뿌미맘' 씨가 직접 겪었던 일이다. 결론부터 말하자면 그녀의 28평 아파트 거실에는 아직도 32인치 TV가 당당히 자리하고 있다.

> "이사를 하고 저희 집에 오신 손님들이 TV가 집에 비해서 너무 작으니까 바꾸라고 많이들 이야기하세요. 근데 저희 집 TV는 지금 13년이 됐는데도 고장도 전혀 안 나고 너무 깨끗하게 잘 나와요. 이렇게 멀쩡한 걸 바꾼다는 게 저에게는 있을 수 없는 일이에요. 저는 고장나서 사용하지 못할 때까지 물건을 씁니다."

나는 이런 모습이 진정한 친환경 정리라고 생각한다. 멀쩡한 물건을 없애고 같은 기능을 하는 새 제품으로 바꾸면 언뜻 보기에는 더 단정해 보일지는 몰라도 환경에는 전혀 도움이 되지 않는다. 이런 상황에서 어떤 집은 작은 TV를 안방으로 옮기고 거실용 TV를 새로 사기도 한다. 집집마다 소비 기준이 다르기에 이걸 옳다 그르다 말하기는 어렵지만 청소와 정리 면에서 보면 신경 써야 할 물건이 두 배로 느는 셈이니 좋다고만은 할 수 없다.

이쯤 되면 궁금증이 생긴다. 도대체 물건의 쓰임이 다했다는 것을 어떻게 알 수 있을까? 고장이 나서 A/S를 받아도 가망이 없다는 이야기를 들었을 때? 그렇다면 집에서 해질 때까지 입던 티셔츠는 어떨까? 목이 너무 늘어나고 여기저기 구멍도 났다면 그땐 버려도 될까?

SBS 〈생활의 달인〉 프로그램에서 절약의 달인으로 나온 곽지현 씨는 이 티셔츠를 길게 잘라 '양말목 공예'를 위한 실로 감아두었다. 양말목 공예란 산업폐기물로 버려지는 양말목으로 편직물을 만드는 것을 말한다. 곽지현 씨는 화장실 발매트를 만들기 위해 쓰임이 다한 티셔츠를 길게 잘라 굵은 실처럼 모아두고 있었다. 그녀에게 다 해진 티셔츠는 아직 쓰임을 다하지 않은 물건이었다.

이러한 절약 이야기가 정리와 무슨 상관인지 이해가 안 갈 수도 있겠다. 하지만 굉장히 긴밀한 관계가 있다. 이렇게 물건을 끝까지 쓰는 사람들은 대체로 많은 물건을 갖고 있지 않다. 싸다고 사지 않고, 더 좋다고 사지 않고, '필요할지도 모르니까'라는 이유로 추가로 사지도 않는다. 그저 갖고 있는 물건을 끝까지 쓸 뿐이다. 그러니 생활하는 공간이 늘 깔끔하고, 정리와 청소도 크게 힘들이지 않고 자주 한다.

이처럼 실용적인 마인드와 생활 습관은 여러 장점을 가진다. 쉽고 간단한 정리는 기본이고 최소한의 지출로 절약이 일상화된 덕분에 평균 이상의 저축도 가능하게 해준다. 또한 무엇보다 잦은 소비를 하지 않음으로써 환경에 이로운 행동을 절로 실천할 수 있다. 지금 가지고 있는 물건을 쓰임이 다할 때까지 이용하기만 해도 이 모든 일이 가능해지는 것이다. 역시 좋은 일은 좋은 일을 데리고 온다. 우리의 알뜰한 마음이 지구를 살린다.

내 가족을 위한 제로웨이스트 정리

요즘은 아파트 단지 내 놀이터에만 가도 명품 옷을 입은 아이들이 많다고 한다. 우리 아이만 안 입힐 수 없다는 이유에서다. 나도 두 아이의 아빠이기에 다른 아이들 못지않게 무엇이든 해주고 싶은 부모의 마음에는 무조건 공감한다. 하지만 그 '무엇' 안에는 물건 말고도 많은 것이 있다.

아이에게 줄 수 있는 가장 좋은 것은 '소모성 물건'보다 '경험'과 '환경'이 아닐까. 아이들은 어릴 때 자신이 무슨 옷을 입고 놀이터에서 놀았는지 기억하지 못해도 가족과 어디에 놀러가서 얼마나 즐거웠는지는 기억한다. 세세하게 모든 걸 기억하진 못해도 그때의 행복한 감정들이 마음에 남게 된다.

물론 나도 안다. 부모가 바쁜 만큼 미안한 마음이 크기에 지금 당장 사줄 수 있는 장난감과 좋은 옷 등으로 그런 마음을 해소한다는 것을 말이다. 그러나 물건을 사주는 것 외에도 지금 당장 해줄 수 있는 좋은 일은 많다. '제로웨이스트 정리'도 그중 하나다. 두 딸의 어머니이자 전업주부인 '어느덧오늘' 씨는 아이 때문에 제로웨이스트 정리를 시작했다고 한다.

> "제가 제로웨이스트를 시작한 이유는 지구나 환경을 위해서가 아니었어요. 그냥 아이를 낳고 보니까 관심이 가게 됐어요. 사실 결혼 전에는 '내가 동참한다고 무슨 도움이 되겠어?' 이런 생각도 있었거든요. 근데 지금은 내 아이를 위해서 해줄 수 있는 일 중 하나가 이게 아닌가 싶어요. 제가 제로웨이스트를 실천한다고 해서 엄청 대단하게 바뀌는 건 없다는 걸 알고 있어요. 하지만 어쨌거나 내 아이를 위해서 한다고 생각하고 조금씩 관심을 가지고 실천하고 있어요."

제로웨이스트 정리라고 해서 굉장히 새롭고 신기한 무언가를 하진 않는다. 환경 운동가처럼 활동하고, 수도승처럼 무소유를 실천하며 살아야 하는 것도 아니다. 그저 옛날 어르신들이 해오던 생활의 지혜를 떠올려보기만 하면 된다.

예전에 썼던 참기름이나 들기름 병의 이미지를 생각해보자. 소주병 크기의 유리병에 광목천을 두르지 않았던가. 흐르는 기름을 매번 닦을 필요가 없게끔 말이다. 요즘 우리는 휴지, 물티슈, 키친타월 등으로 쓱 닦아버리곤 한다. 그러면서 매번 쓰레기를 만든다. 이럴 땐 버리려고 했던 양말을 잘라 발목 부분을 참기름 병에 끼워주면 좋다. 광목천이 없는 집은 많지만 양말이 없는 집은 없으니까. 쓰레기를 만들지 않고 내가 가진 물건을 활용한 초 간단 제로웨이스트 정리가 되는 셈이다.

기름기 있는 음식을 해먹고 설거지를 할 때 강력한 주방 세제를 쓰는 대신 밀가루를 이용하는 것도 좋다. 세제 대신 밀가루를 넣고 끓인 후 식힌 다음 그 물로 닦으면 기름기가 싹 사라진다. 밀가루를 쓰면 미세한 그릇 틈새에 세제가 들어가는 일도 없어 일석이조다.

이밖에도 계속 재사용이 가능한 실리콘 지퍼백과 실리콘 덮개를 사용하면 쓰레기 감소는 물론 주방 수납 공간에도 여유가 생긴다. 또한 베이킹소다, 구연산 등을 활용해 직접 주방 세제를 만드는 것도 제로웨이스트 정리라 할 수 있다.

두 아이를 키우는 50대 주부 문신원 씨는 일회용 키친타월을 쓰고 싶지 않아 아이들이 어렸을 때 썼던 가제 손수건을 키친타월 심지에 감아서 쓴다. 물티슈도 쓰지 않으려고 가제 손수건을 물티슈 보관함에 넣어서 필요할 때마다 뽑아서 쓴다. 식탁 위에 두고 쓰는 티슈도 일회용이 아닌, 작은 사이즈의 면 수건을 접어서 휴지 케이스에 넣어두고 사용한다.

> "저희 집에 오신 분들이 면 수건이 너무 깨끗하니까 부담스러워서 사용을 못 하시더라고요. 빨래를 한꺼번에 하니까 저는 그냥 편하게 쓰라고 하죠. 다 쓴 면 수건을 빨래통에 넣으면 끝이에요. 저희 집은 이제 두루마리 휴지만 삽니다."

나는 '무조건 일회용품을 쓰지 말자', '환경을 생각하며 정리를 하자'를 절대 강요하지 않는다. 그저 어떤 정리를 해야 할지 나만의 정리 스타일을 잡아가는 중이라면 가족을 생각하는 마음으로 실천하는 제로웨이스트 정리도 있음을 알려주고 싶다. 가족에게 안전한 방법으로 살림을 하는데, 환경에도 도움이 되고 정리도 간단해지는 장점이 있기 때문이다.

얼마 전 TV에서 산속에 사는 자연인을 본 적이 있다. 그분은 식사를 마치고 냇가에서 다 먹은 그릇을 설거지하며 냇가 바닥의 흙으로 그릇을 닦았다. 설거지도 잘 되면서 자연에게 해가 되지 않는 방법이라고, 일부러 기름기 있는 음식은 거의 하지 않는다고 말하는 자연인의 이야기에서도 제로웨이스트 정리가 고스란히 느껴졌다. 제로웨이스트라고 어렵게 생각하지 말고 그저 내가 하고 싶은 만큼, 내가 할 수 있는 범위 내에서 조금씩 실천해보면 어떨까? 가족을 위한 나의 마음이, 나의 작은 실천이 나와 내 주변을 더 나은 방향으로 변화시킬 수 있다.

우리 집도, 지구도 살리는 친환경 정리 꿀팁

더 이상 쓰지 않는 물건의 대변신

아이가 어렸을 때 썼던 손수건을 키친타월 심지에 감으면 다회용 키친타월로 사용할 수 있다. 가제 손수건도 물티슈 보관함에 넣어 사용하고, 휴지 케이스에 면 손수건을 담아 냅킨으로 사용하고 모아서 빨래하면 일회용품 사용을 크게 줄일 수 있다.

플라스틱 없는 우리 집 만들기

① 일반적인 주방세제 대신 친환경 설거지바를 사용하면 플라스틱 용기가 없어 정리를 따로 할 필요가 없다.

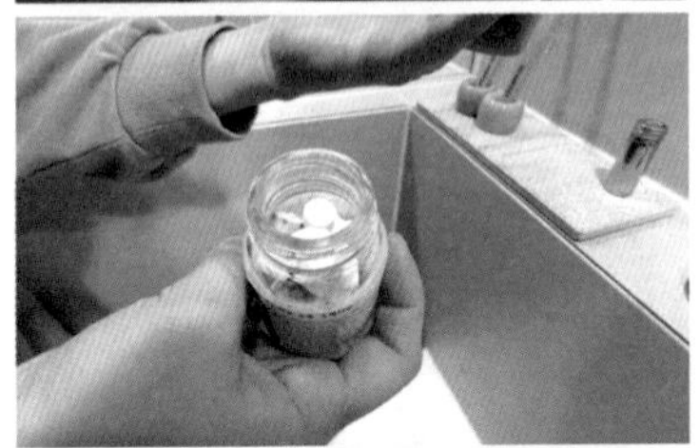

② 고체형 치약은 한 번에 정해진 양을 사용할 수 있어 편하고, 사용한 후 플라스틱 쓰레기를 만들지 않으며, 여행용으로도 부피가 작아 휴대하기 좋다.

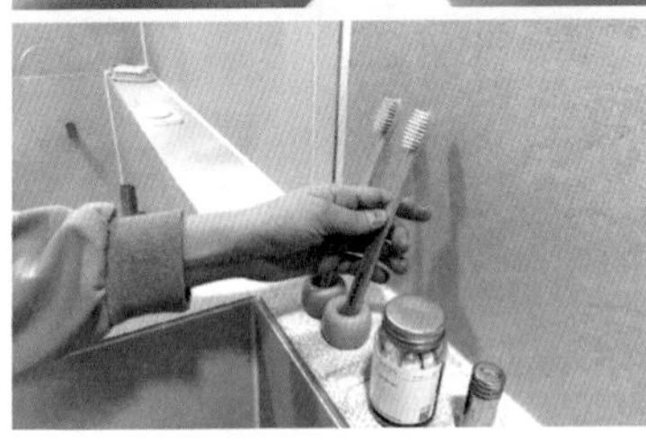

③ 대나무 칫솔은 사용 후 버렸을 때 100퍼센트 자연에서 생분해되는 친환경 제품이다. 칫솔은 한 달에 한 번은 바꾸는 제품이라 썩지 않는 플라스틱 칫솔보다 훨씬 무해하다.

다회용 지퍼백 활용하기

일회용 지퍼백 대신 다회용 실리콘 지퍼백을 사용하는 가구가 늘고 있다. 이러한 실리콘 지퍼백은 삶을 수도 있어 여러 번 위생적으로 사용이 가능하다.

버릴 물건도 다시 보자

냉동식품 포장 용기, 잡곡류 포장 용기 등 그냥 버리기엔 튼튼한 지퍼백 형태의 제품 포장 용기가 너무 많다. 이처럼 생활하면서 생기는 제품용 지퍼백을 깨끗이 닦아 바짝 말린 후 재사용하는 것도 좋다.

일회용 호일보다 재사용 가능한 유리 용기로

에어 프라이어에 넣는 일회용 종이 호일이 있지만 오븐용 유리 용기를 넣으면 쓰레기를 만들지 않으면서 계속 재사용이 가능하다.

세정 용품 낭비 없이 오래 쓰는 법

한 번 눌렀을 때 나오는 세정제의 양이 많다고 생각되면 고무줄을 감아 펌핑 높이를 조절해보자. 낭비 없이 더 오래 쓸 수 있다.

세정력보다 중요한 것은 빈도

화장실 청소를 자주 하면 세정력이 높은 제품이 굳이 필요 없다. 비누망에 넣은 고체 비누 하나로도 화장실 전체를 청소할 수 있다.

일회용품을 만들지 않는 피부 관리

세안 후 매일 사용하는 화장솜에도 다회용 제품이 있다. 세탁을 해야 한다는 번거로움이 있지만 화장실에서 사용한 다음 바로 손세탁 하는 습관이 들이면 그렇게 번거롭지 않다. 게다가 일회용품을 쌓아둘 필요가 없어 정리에도 효과적이다.

핸드메이드 탈취제 만들기

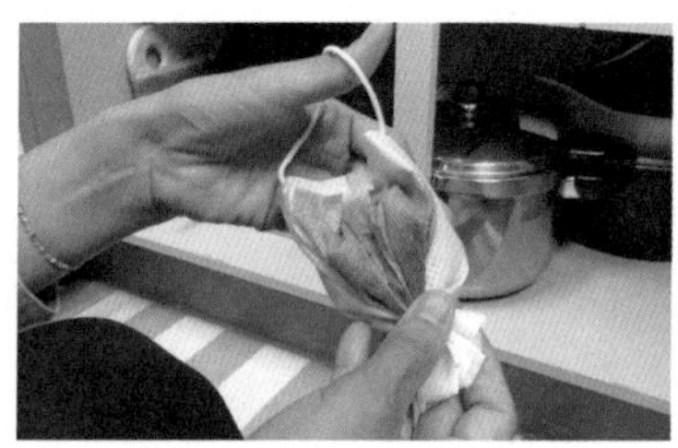

잘 사용하지 않는 일회용 마스크에 커피 찌꺼기를 넣으면 훌륭한 핸드메이드 탈취제가 된다.

살림에 보탬이 되는 친환경 정리

다 마신 우유팩을 모았다가 주민센터에 가져가 보자. 1킬로그램당 두루마리 휴지 하나를 받을 수 있다.

친환경 데이터 정리

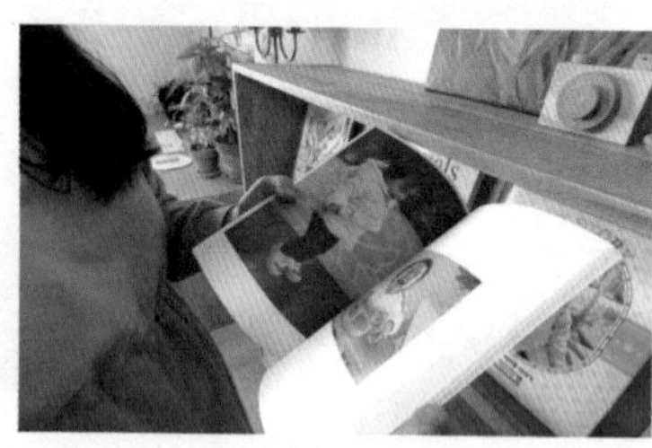

내가 찍은 사진을 포토북으로 만들 때 커피 종이컵을 재활용한 종이를 이용하는 것도 친환경 데이터 정리가 될 수 있다.

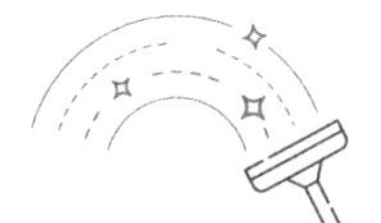

정리 습관 10

정리의 마지막 원칙,
유지하기

시험 기간만 되면 왠지 책상을 치우고 싶어진다. 책상을 치우지 않고는 도저히 공부가 안 될 것 같다. 결국 몇 시간을 들여 책상 위를 깨끗하게 정리한다. 당장 공부를 시작하기만 하면 되는 딱 그런 환경으로. 하지만 정리를 하느라 너무 에너지를 썼더니 피곤해진다. 잠깐만 쉬고 공부를 한다는 게 그만 다음날 아침이 되어버린다.

누구나 이런 웃지 못할 경험이 있을 것이다. 정말 신기한 것이, 시험이 끝나고 마음껏 정리할 시간이 주어져도 그땐 또 절대 정리를 안 한다. 그렇게 지저분한 책상 상태를 계속 유지하다가 다음 시험 기간이 되면 책상 정리를 반복하고 피곤해한다.

중요한 순간에 해야 할 일은 안 하고 엄한 정리를 하는 이유는 그 중요한 일을 회피하고 싶은 마음 때문이다. 그런 회피 본능으로 평소엔 잘 하지도 않던 정리가 눈에 들어오는 것이다. 그렇게 한 정리는 결코 오래 유지되지 않는다. '어떻게 하면 내 생활이 편리해질까?'를 고민하지 않는, 일단 눈앞에 보이는 걸 치우기만 한 정리라서 그렇다. 나중에 필요한 물건을 꺼내쓰려고 하면 어디에 두었는지 기억도 못해서 언제 정리했는지도 모를 풍경으로 돌아가기 일쑤다.

시험 기간을 예로 들긴 했지만 이런 상황은 어떤 경우를 대입해도 비슷하다. 살면서 내 에너지를 100퍼센트 다 쏟아도 성공할까 말까 한 일들이 허다한데 그 일들에 집중하지 못해 정리부터 하고 본다면 어떤 일이든 제 역량을 최고로 발휘하기가 어렵다.

그러므로 정리는 삶을 더 나은 방향으로 이끌기 위해 일상에서 아주 자연스럽게 행하는 습관으로 자리를 잡아야 한다. 언제든 내가 해야 할 일들에 곧바로 집중할 수 있도록, 그 결과 최고의 역량을 발휘할 수 있도록 말이다. 그러려면 한 번 하고 끝나는 게 아닌 오래도록 유지할 수 있는 정리를 해야 한다.

정리는 장비발이 아닌 습관발

"이야, 집이 정말 깔끔하시네요."

집에 손님을 초대하면 누구나 이런 말을 듣고 싶을 것이다. 항상 깔끔하게 정리를 하며 생활하는 덕분에 이런 칭찬이 익숙한 사람도 있겠지만, 많은 사람이 손님을 맞을 준비로 대대적인 청소와 정리를 하곤 한다. 그래서 칭찬이 어색한 나머지 이런 대답을 하기도 한다.

"저희 집은 손님이 오셔야만 깨끗해져요."

부끄러운 듯 솔직한 웃음은 덤이다. 아닌 게 아니라 진짜로 집 청소를 할 계기를 만들기 위해서 손님을 초대하는 사람도 있다. 그렇게 해야 정리를 할 동력이 생기기 때문이다. 이 정도로 정리를 미루고 살아왔다면 일상생활에서 정리 때문에 스트레스를 받는 일이 종종 있었을 것이다. 이런 사람들에게 나는 따로 마음을 먹고 시간을 내야 하는 그 정리 패턴에서 먼저 벗어나라고 말한다.

어떻게 하면 스트레스 없이 일상적으로 정리를 할 수 있을까? 그건 바로 '하는 김에 하는 것'이다. 특별히 마음먹고 하는 정리가 아니라 생활 속에서 손 한 번 더 거드는, 하는 김에 움직이는 정리를 하면 된다. 두 아이를 키우는 40대 주부 '미니멀앙곰' 씨는 이러한 정리법에 아주 익숙하다.

> "양치를 하면서 거울에 얼룩이 보여요. 그럼 그 얼룩을 쓱 닦는다든지, 아침에 물을 마시면서 전날 설거지해놓은 그릇들을 다시 제자리에 넣어 놓는다든지 해요. 아주 작은 습관들이 일상을 정돈해주는 것 같아요."

미니멀앙곰 씨도 처음부터 정리와 살림에 마음을 붙이지 않았다고 한다. 그러나 몇 년 전 큰 수술을 하고 인생을 새롭게 대하게 되면서 하기 싫었던 정리를 보는 눈이 달라졌단다. 미니멀 라이프를 실천하고, 일상생활에 정리를 습관처럼 끼워 넣으면서 그녀는 살림과 정리가 다정하게 느껴졌다고 했다.

흔히 집안일은 '장비발'이라는 말을 한다. 의류 스타일러를 쓰면 힘들게 다림질을 하지 않아도 되고, 식기세척기를 쓰면 설거지를 하지 않아도 되고, 로봇청소기를 쓰면 날마다 청소기를 밀지 않아도 되니까. 이러한 도구들이 많으면 많을수록 편리하다고 생각하는 것이다. 그러나 미니멀앙곰 씨는 정리가 '습관발'이라고 말한다. 바닥을 닦기 위해 로봇청소기를 충전하고 먼지통을 비우고 돌리는 대신, 사용한 휴지를 버리는 김에 바닥의 먼지를 같이 닦아 버리는 게 더 간단하고 쉬울 때가 있다. 이것이 바로 '하는 김에 하는' 다정한 살림 습관이다.

오래도록 방치한 어떤 물건 위의 먼지를 닦으려면 굉장히 힘들다. 박박 문지르다 물건에 스크래치가 나기도 한다. 짜증이 나고 청소와 정리도 그만두고 싶어진다. 하지만 쌓인 먼지가 굳어버리기 전에 자주 닦아주었으면 이런 일이 생기지 않는다.

매일 옷을 갈아입으며 옷장에서 안 입는 옷을 발견해 비우고, 그렇게 비운 옷을 버리러 다용도실로 가는 길에 창틀을 닦는 것처럼 자연스러운 나의 일상생활 속에 청소와 정리를 끼워넣어 보자. 이런 정리가 생활 습관으로 자리 잡으면 에너지를 크게 쓰지 않고도 깔끔한 공간을 유지할 수 있다. 따로 시간을 내서 하는 정리는 기운만 빠진다. 다 하고 나면 지쳐서 물건을 사용하고 싶은 마음조차 들지 않는다. 이런 게 과연 잘 유지되는 정리라고 할 수 있을까?

정리는 하는 사람이 편하고 쉬운 방식이 가장 좋다. 그래야 정리 습관이 제대로 잡히면서 오랫동안 유지가 가능하다. 남들이 말하는 꿀팁이나 전문가가 알려주는 정리 비결도 나에게 맞지 않으면 좋은 방법이라 말할 수 없다. 참고는 하되, 내가 할 수 있는 만큼만 따라 하자. 완벽하게 정리하려고 처음부터 너무 애를 쓰다가는 정리와 더 멀어질 뿐이다. 잘하려는 부담감을 내려놓고, 천천히 조금씩 더 나아지고 있다고 생각하자. 정리는 잘하는 것보다 오래 유지하는 것이 훨씬 더 중요하기 때문이다. 그러니 마음먹고 하는 정리 말고, 하는 김에 하는 정리를 하자. 이를 반복하다 보면 정리 습관은 물론이고 나만의 정리 노하우까지 생기게 될 것이다.

오늘의 정리는 내일의 나를 돕는 일이다

오늘 할 일을 미루면서, 충동구매나 과소비를 하면서, 야식을 먹으면서 사람들은 농담처럼 이런 말을 하곤 한다.

"내일의 내가 알아서 하겠지."

글쎄, 그렇게 말하면 오늘의 내가 내일의 나에게 너무 가혹한 게 아닌가 싶다. 어떻게든 되긴 하겠지만 '어떻게든'의 과정이 그리 호락호락하진 않을 테니 말이다. 엄밀히 말하면 현재의 내가 힘든 이유도 과거의 나 때문이 아닌가. 현재의 나와 내일의 내가 진정한 파트너십을 맺으려면 내일의 나에게 모든 걸 떠넘기던 지금까지의 습관을 이제 그만 고쳐야 한다.

정리도 같은 맥락이다. 지금 나의 생활 공간이 엉망인 이유는 과거의 내가 그때그때 정리를 하지 않아서다. 내일의 나까지 어수선한 곳에서 지내게 하고 싶지 않다면 '지금'의 내가 정리하는 습관을 들여야 한다. 물론 지금 당장 소파에 누워 휴대전화를 보며 쉬고 싶고, 그동안 못 본 OTT 콘텐츠도 정주행하고 싶은 마음은 충분히 이해한다. 그러나 사실 딱 10분만 정리를 하고 그런 시간을 갖는다고 해서 휴식이 대단히 큰 방해를 받거나 하지는 않는다. 그저 휴식이 끊기는 게 싫고, 축 늘어진 몸을 일으키고 싶지 않아서 정리를 미룰 뿐이다.

귀찮고 번거로운 마음이 든다면 미래의 나를 지금의 내가 도와준다고 생각을 바꿔보자. 그러면 하던 일을 잠시 멈추기가 그리 어렵지 않다. 내일의 나를 위해 지금의 내가 살짝 거들어준다는 느낌을 주기 때문이다. 아들 셋을 키우며 맞벌이를 하는 주은정 씨도 딱 이런 생각으로 정리를 한다.

"내가 하는 모든 일이 미래의 날 도와주는 일이에요. 내가 지금 뭔가를 하면서 머리카락 하나 주워서 없애면 청소기 한 번 덜 돌려도 되고, 내가 미리 봄에 정리를 해두면 다음 가을에 행복해지는 것처럼요. 저는 항상 '미래의 나를 도와주자.' 이런 생각을 하면서 정리를 해요."

혼자서 정리하기 힘들 정도로 공간이 엉망일 때는 누군가 도와줬으면 싶다. 그런 마음이 들 때마다 주은정 씨의 말처럼 '내가 미래의 나를 도와주자'는 마음으로 정리를 해보자. 그렇게 정리를 조금씩 하다 보면 어느새 시간이 흐른 후 미래의 내가 쾌적하고 깨끗한 공간에서 보다 편하게 지내고 있을 것이다. 지난봄에 정리한 옷장 덕분에 가을에도 대대적인 정리 작업 없이 간절기 옷을 꺼내 입을 수 있게 되는 식이다. 샤워한 김에 화장실 바닥을 한번 솔로 쓱 문지르고 물을 뿌려주면 주말에 따로 시간을 내서 화장실 청소를 할 필요가 없는 것처럼 말이다.

미래의 나를 돕는 정리는 거창하고 큰 힘을 들이는 일이 전혀 아니다. 눈에 보이는 쓰레기를 치우고, 제자리를 벗어난 물건을 원래 위치에 두면 된다. 여태까지 늘 '마음먹고 하는 정리'를 해왔다면 이런 식의 '생활형 정리'가 이상하겠지만, 자신의 공간을 깨끗하게 유지하는 데 이 방법만큼 쉬운 방법은 없다.

언제까지 미래를 위해 지금을 희생해야 하느냐고 반문하는 사람도 있을 것 같다. 현재의 행복도 중요하다면서 말이다. 하지만 정리를 현재의 행복을 포기해야 하는 일로 볼 필요는 전혀 없다. 모든 일에서 중요한 건 균형이다. 현재의 행복만큼이나 미래의 나도 챙겨야 한다. 운동만 봐도 그렇다. 운동이 늘 재미있지는 않지만 그럼에도 하는 이유는 지금보다 더 건강해지고 자신의 몸에 만족하길 원하는 바람 때문이 아닌가. 현재의 내가 누리는 즐거움이 중요하다고 날마다 야식을 먹고 운동도 안 하고 늦게 자는 게 옳다고 말하는 사람은 없다. 현재의 행복도 적정선을 지켜야 하듯, 미래의 나를 위하는 일도 너무 과해서는 안 된다.

결국 과거, 현재, 미래 모두 건강하고 행복한 내가 되기 위해서는 적절한 균형을 바탕으로 좋은 생활 습관을 갖는 게 최고다. 그중 대표적인 습관이 바로 정리이고 말이다. 현재의 나도 쾌적하고 미래의 나도 편안해질 수 있는 길은 오늘의 내가 일상 속에서 올바른 습관을 갖고 날마다 조금씩, 꾸준히 정리하는 것임을 꼭 기억하면 좋겠다. 그렇게 정리된 환경이 유지될 때 우리 삶의 질은 한층 더 높아질 수 있다.

고민의 시간을 없애주는 정리 체크리스트의 힘

아침에 출근을 하려고 일어났을 때 화장실에 들어가서 이를 닦을까 말까 고민하는 사람은 아마 없을 것이다. 그냥 무의식적으로 닦는다. 그게 습관이기 때문이다. 이처럼 습관이란 고민할 새도 없이 나도 모르게 하는, 내 몸에 익은 행동을 의미한다.

그렇다면 정리를 습관으로 만들기 위해서는 어떻게 해야 할까? 아침에 이를 닦는 것과 똑같다. 정리를 할까 말까 고민할 새도 없이 그냥 바로 시작하게끔 환경을 조성하면 된다. 정리를 위한 체크리스트가 그러한 정리 환경을 만들어주는 아주 좋은 방법이다. 머릿속으로 '오늘 집에 가서 어디어디 정리해야지' 하고 생각했다가도 막상 집에 가면 '귀찮은데 내일 할까?' 하는 마음으로 바뀌기 쉽다. 하지만 아예 정리를 위한 '체크리스트'를 만들어두면 이런 고민을 할 새가 없다.

일곱 살 딸을 키우는 3인 가족의 주부 '킴미살림' 씨[30]는 정리를 위한 체크리스트를 적극적으로 활용하여 정리 습관을 만들었다. 하루 중 가장 오랜 시간을 머무는 주방에는 '홈 클리닝 체크리스트'를 붙여두고 생각할 틈도 없이 행동으로 옮기는 시스템을 구축했다. 모닝 루틴부터 요일별 저녁 정리, 월 1회씩 해야 하는 정리 등을 일목요연하게 기입해둔 체크리스트 덕에 킴미살림 씨에게 정리는 습관이 된 지 오래다. 정리를 할까 말까 고민할 시간 없이 바로 정리를 시작한다. 그래서 그녀의 집은 언제나 깔끔한 상태를 유지하고 있다.

체크리스트의 힘을 깊이 실감하는 킴미살림 씨는 딸아이에게도 아침에 일어나서 해야 하는 일의 체크리스트를 만들어 벽에 붙여주었다. 뿐만 아니라 가족들의 공부방 책상 위에도 공부 루틴 체크리스트가 가장 잘 보이는 곳에 자리하고 있다.

"정리를 어렵게 생각하지 않기로 했어요. 처음에는 너무 귀찮았는데

5분 타이머를 설정해놓고 정리하니까 깨끗해지는 게 눈에 보이더라고요. 그래서 정리를 어렵게 생각하지 않게 됐어요. 정리 루틴 체크리스트 덕분에 시간대별로 바로바로 행동할 수 있고, 하나씩 지워가면서 다음 할 일을 보는 게 큰 도움이 돼요."

킴미살림 씨는 자신의 정리 체크리스트대로 정리를 시작한 뒤로 매일 아침 깨끗한 주방을 맞이하며 하루를 시작한다.

"아침에 딱 나왔을 때 깨끗한 주방의 모습을 보면 그날 아침의 시작이 되게 좋아요. 그래서 밤에 12시가 넘어도, 1시가 돼도 항상 정리를 하고 자는데 저는 그걸 '주방 마감 리셋'이라고 얘기하거든요. 주방을 싹 치우고 그릇을 다 넣어놔야 마음이 편해요. 그래야 잠이 잘 와요."

루틴의 힘을 잘 아는 사람들의 일상은 평온하다. 평소 하던 대로, 몸에 익은 습관대로만 행동해도 일상이 아주 잘 돌아가기 때문이다. 갑자기 손님이 와도 대청소를 하지도 않아도 되고, 시험 기간이 닥쳐도 책상 정리를 하지 않아도 된다. 급작스럽게 해야 할 어떤 일이 끼어들지 않으니 안정적인 기분으로 생활할 수밖에 없다.

누구나 밖에 나갔다가 집에 돌아왔을 때 나를 반기는 공간이 정갈하고 깨끗하길 바랄 것이다. 외출 준비를 하느라 여기저기 흩어진 옷

가지들과 머리를 말리고 치우지 않은 머리카락들, 대충 먹고 쌓아둔 설거지 그릇들을 마주하고 싶지는 않을 것이다. 내가 생활하는 공간이 나를 깨끗한 얼굴로 반겨주길 바란다면 정리를 반드시 습관으로 만들 필요가 있다. 습관은 결코 하루아침에 생기지 않으므로 정리 루틴 체크리스트를 적극 활용해 나만의 정리 습관을 만들어보자. 할까, 말까 고민할 시간을 없애주는 정리 루틴 체크리스트는 나를 언제나 깨끗한 공간에 사는 사람으로 변화시켜줄 것이다.

더 건강한 삶을 위한 평생 정리 습관

"생각하고 살지 않으면 사는 대로 생각하게 된다."

자기계발서에 자주 등장하는 정말 유명한 말이다. 끌려 다니는 삶을 살지 말자는 뜻으로 내 의지대로, 내 계획대로 인생을 살아야 한다는 메시지를 담고 있다. 나는 이 메시지가 '정리'에도 고스란히 적용된다고 생각한다. 한마디로 "정리하지 않고 생활하다 보면 나중에는 내가 정리당한다."는 얘기다.

너무 과장하는 말 아니냐고 반문하고 싶을 수도 있다. 그러나 그런 일은 실제로 일어난다. 도저히 혼자서는 정리할 수 없을 정도로 집이 엉망이 되어버려 주변 사람들의 도움을 받아 몇 톤짜리 쓰레기를 비운 후에야 생활이 가능한 공간으로 돌아온 집들을 본 적 있지 않던가? 우리는 그런 집들을 유튜브나 TV, 뉴스 기사 등 어떤 형태로든 접한 적이 있다.

나는 쓰레기가 잔뜩 쌓여 발 디딜 틈 없는 그런 무질서한 공간보다 그 정도로 정리를 못하고 산 사람의 건강에 대해 이야기하고 싶다. 매일 생활하는 공간을 제대로 정리하지 못할 정도면 그 공간에 사는 사람의 건강 또한 위험한 수준에 다다랐을 확률이 크기 때문이다.

많은 사람이 먹고사는 일이 우선이지 정리는 뒷전이라고 생각한다. 회사에 지각하지 않는 게 중요할 뿐 엉망이 된 방은 그대로 두어도 된다는 식이다. 당장의 업무가 급하긴 하지만 우리는 그런 공간 안에서 먹고 마시고 자야 한다. 그러나 공간이 무질서하게 변해가면 그만큼 건강하게 먹고 마시는 일에도 점점 소홀해지고 나도 모르는 사이에 건강이 서서히 나빠진다. 공간이 정돈되어 있어야 거기서 요리도 하고 음식도 먹는데, 내가 생활하는 공간이 정리되지 않는다는 것은 내 건강을 자꾸만 후순위로 미루고 있다는 뜻이기 때문이다.

60대 1인 가구 김마리아 씨[31]가 추구하는 정리에 대한 철학도 건강과 직결된다. 모든 의무에서 벗어나 드디어 혼자 독립하게 됐다는 그녀는 이렇게 말했다.

> "제일 중요한 부분은 식사예요. 살림은 '살린다'는 뜻인데 몸이 건강해야 살림도 하더라고요. 예전에 제가 3개월씩 아팠을 때가 있었는데 정말 아무것도 하지 못했어요. 그때 소원이 '아, 일어나서 설거지

하고 싶다'였어요. 그렇게 마음을 내려놓게 되더라고요. 안 아팠을 때는 '아, 남들은 여행도 가는데 나는 왜 못 가나' 이렇게 욕심이 하늘로 솟았는데 이젠 그런 마음이 다 없어졌어요. 사람이 아프면 겸손해질 수밖에 없어요."

내가 앞에서 했던 '정리당한다'는 말이 바로 이런 뜻이다. 엎어진 김에 쉬어가는 것도 나쁘지 않지만 쉼의 순간도 내가 정해야 더 의미 있지 않을까? 건강할 때는 건강이 얼마나 소중한지 잘 알지 못한다. 건강을 잃어본 뒤에야 그것이 얼마나 삶에서 중요한지를 알게 된다.

건강과 긴밀히 연결된 정리를 매일 조금씩 해야 하는 이유가 바로 여기에 있다. 정리는 내 삶을 돌보는 아주 중요한 행위다. 그저 누가 해도 상관없는 집안일이 아닌 것이다. 땀 흘렸던 옷을 깨끗하게 세탁하고, 그 옷을 잘 개어 옷장에 넣어두는 일은 나에게 더럽지 않은 쾌적한 옷을 입히는 일이다. 식재료를 다듬어 냉장고에 정리해두고는 그때그때 음식을 해먹는 일 또한 나에게 적절한 영양소를 제공하는 일이다. 청소기를 돌리고 바닥을 닦으며 환기하는 일은 신선한 공기를 집 안에 들임으로써 나의 호흡기를 건강하게 관리하는 일이다. 오래된 책을 정리하고 버리는 것 또한 먼지 쌓인 실내 공기를 다시 깨끗하게 만드는 일이다.

이러한 정리를 한정 없이 미룰 정도로 바쁘게만 살면 결국 내가 제 역할을 하지 못할 정도로 건강을 잃게 될 수 있음을 잊지 말았으면 좋겠다. 내가 준비되지 않은 상태에서 나의 활동을 정리해야 하는 순간을 맞이하지 않도록 말이다. 그런 순간이 되면 설거지가 하고 싶었다는 김마리아 씨의 이야기처럼 그간 미루기만 했던 정리가 절로 하고 싶어질지 모른다.

이제 김마리아 씨는 건강을 위해 집안 정리 동선도 바꾸었다. 조리대에서 음식을 하며 생긴 쓰레기를 버리기 위해 세탁실에 있는 쓰레기통까지 걸어간다. 주방에 쓰레기통을 두지 않는 이유는, 일부러 동선을 불편하게 만들어 집 안에서라도 자꾸 걷고 움직이게 하기 위함이다. 세탁실의 세탁 바구니 아래에는 안 쓰는 김치통을 깔아 높이를 높였다. 가급적 허리와 무릎을 구부리지 않아야 덜 아프기 때문이다. 화장실에는 비끄럼 방지 패드를 실치했다. 나이가 들수록 건깅과 안전을 최우선으로 하는 정리에 더욱 신경을 쓰는 중이다.

정리는 내가 생활하는 공간을 깨끗하고 청결하게 만드는 행동이다. 나아가 그 공간에서 생활하는 나를 위해 하는 모든 행동을 일컫는 말이기도 하다. 내가 오래오래 행복하고 즐겁게 살기 위해서는 건강을 최우선순위에 두어야 한다. 지금 당장 더 시급한 일이 있다고 생각되겠지만 그 어떤 일도 건강을 잃으면 할 수가 없다. 그러니 내 몸을 관리한다 마음으로 정리를 하자. 이것이 나만의 정리 습관을 평생 가지고 가야 하는 가장 중요한 이유다.

영상으로 더 자세히 보기

30. 킴미살림 씨
전국살림자랑 ep.37

31. 김마리아 씨
전국살림자랑 ep.33

우리 집 속 작은 다이소 만들기 꿀팁

살림 부자재는 모두 한곳에 모아둔다

서랍장을 정리하다 보면 나오는 고무줄, 케이블 타이, 벨크로, 클립, 스카치테이프 등 다양한 물품들을 한데 모아 우리 집 속 작은 다이소를 만들어보자. 살림에 자주 쓰이는 부자재들이 어디 있는지 몰라 사고 또 사는 일을 방지해줌은 물론 물건들이 한눈에 보여 더 잘 활용할 수 있다.

잘 쓰지 않지만 없으면 아쉬운 포장지 보관법

다양한 재질의 포장지는 자주 사용하진 않지만 꼭 필요할 때가 있다. 최소한의 수량을 깔끔하게 정리해두었다가 사용하면 다이소에 달려갈 일이 현저히 줄어든다.

나만의 철물점 만들기

오래된 집일수록 보수 관리가 중요하다. 필요한 물건들을 안이 잘 보이는 투명 아크릴 수납장에 보관해두면 장비나 자재들을 쉽게 찾아 편리하게 이용할 수 있다.

에필로그

정리는 내 삶을 돌보는 최고의 방법이다

오늘날 우리는 불안의 시대를 살고 있다고 해도 과언이 아니다.

"미라클모닝 하세요. 갓생 사는 인생으로 변합니다."

"이거 사세요. 다른 사람들도 다 이걸 갖고 있답니다."

"이렇게 하면 월수입이 급격히 늘어납니다. 왜 안 하세요?"

"아직도 이걸 몰라요?"

이렇게 정보를 가장한 마케팅이 수시로 우리를 공격한다. 예전에는 "이거 쓰면 좋아요!", "이거 있으면 멋있어 보일 거예요." 식의 마케팅이 일반적이었다면 요즘은 이걸 안 하거나 모르거나 없으면 안 된다는 식으로 사람의 '불안'을 건드린다. 바야흐로 불안의 시대다.

하지만 생각해보자. 이제껏 그렇게 하지 않았어도, 다른 사람들에게 다 있다는 그 무언가가 없었어도 사는 데 큰 지장이 없었다. 하지만 갑자기 나만 모르고 나에게만 없다고 하면 마음이 불편해진다. 그리고 이내 불안함이 몰려온다. 불안을 조장하는 공포 마케팅 때문에 마음이 이리저리 흔들리는 것이다. 그래서 남들 다 먹어봤다고 하는 음식을 먹기 위해 줄을 서고 너도나도 산다는 무언가를 사기 위해 오픈런을 한다.

불안의 시대에 흔들리지 않는 단단한 마음으로 살아가고 싶은가? 내가 가장 좋은 방법을 알려주겠다. 그건 바로 지금 당장 '정리'를 하는 것이다. 내가 정리 콘텐츠를 다루는 사람이어서 이런 말을 하는 게 절대 아니다. 정신건강의학과 오동훈 전문의는 이런 말을 했다.

> "사람에게 정리라는 행위는 '통제'의 측면에서 생각해볼 수 있는데 불안을 느끼시는 분들 중에 정리를 좋아하는 경우가 있어요. 정리를 통해 주변의 환경을 내가 원하는 방향으로 통제하는 거거든요. 내가 불확실한 미래까지 어떻게 할 수는 없지만 내 주변만큼은 통제를 하고 있다는 느낌을 통해 불안을 가라앉힐 수 있어요. 이건 실제로 굉장히 도움이 되는 방법입니다."

내 삶과 아무 상관도 없는 타인의 생활을 엿보며 불안해할 시간에, 나의 부족함(사실은 전혀 부족하다고 볼 수 없는데도)을 자꾸 찾아내며 걱정만 쌓아갈 시간에 그냥 정리를 해보자. 나를 둘러싼 환경은 내 손길이 닿는 대로 변한다. 심지어 점점 더 깔끔해진다. 게다가 정리를 하는 동안은 잡생각이 사라지며 마음이 평온해진다. 이런 행동은 내 삶을 돌보는 일 그 자체가 된다.

또한 정리를 통해 나에게 필요한 것과 불필요한 것을 가려내며 나라는 사람에 대해 더 명확히 알게 된다. 나에게 집중하는 정리라는 행위가 일상에 스며들면 불안이라는 감정은 점차 옅어진다. 또한 쾌적한 공간에서 가뿐해진 기분으로 내가 원하는 일을 하면 마음은 지금보다 훨씬 난단해진다. 그러니 나를 아껴주고 내 삶을 돌보고 싶다면 '정리'를 하자.

나는 사람들이 더 이상 불안의 시대를 살지 않았으면 좋겠다. 스스로를 우선순위에 두는 삶을 살았으면 좋겠고, 세상이 중요하다고 말하는 나와 상관없는 이야기 때문에 오늘의 행복을 포기하지 않길 바란다. 이것이 바로 내가 정리 콘텐츠를 계속 만드는 이유다.

사람은 얼굴 생김새가 모두 다르듯 자신만의 핵심 가치도 다 다르기 마련이다. 그렇기에 나만의 행복 포인트는 나만이 알 수 있다. 아무리 많은 정보가 있다 해도 남들이 콕 집어 알려줄 수 없는 영역인 것이다. 그러니 내 삶은 나만이 가꿀 수 있다. 내 삶을 어떻게 돌보고 가꿔야 할지 감이 안 온다면 무엇이라도 정리를 해보길 권한다. 다른 사람의 정리 스타일을 참고할 필요도 없다. 그냥 나만의 방식대로 하면 된다. 내가 전하고 싶은 메시지는 이게 전부다. 정리를 하며 부디 삶이 건강하고 행복해지기를, 막연한 불안이 멀리 사라지기를 바란다.

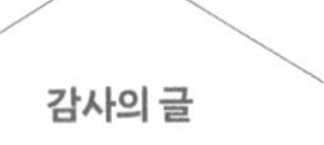

감사의 글

유튜브 〈정리마켓〉의 '전국살림자랑' 코너를 빛내주신 살림왕 여러분께 깊은 감사를 전합니다. 여러분이 있었기에 이 채널이 존재할 수 있었으며, 시청해주시는 모든 분들께 감동을 선사할 수 있었습니다. 매일의 삶에서 예술을 창조하시는 여러분의 노고에 경의를 표합니다. 이 책이 여러분의 지혜와 헌신을 기리는 작은 기록이 되길 희망합니다.

부록

하루 10분, 따라 하면 정리가 끝나는 체크리스트

다음은 공간과 물건에 따른 정리, 디지털 데이터 정리를 위한 체크리스트다. 질문에 따라 답변을 하고, 정리 후에 완료 칸에 체크를 해보자.

1. 공간별 체크리스트

공간	확인 사항	답변	완료
현관	나의 신발은 총 몇 켤레인가?		☐
	신발의 수가 신발장 규모를 초과한다면 몇 켤레를 치울 것인가?		☐
	지금 신발장에 있지 말아야 할 물건은 무엇인가?		☐
	신발 외에 신발장에 두고 싶은 물건은 무엇인가?		☐
	현관에 나와 있는 신발은 최대 몇 개까지 허용할 것인가?		☐
	현관문에 불필요하게 붙인 물건이 있는가?		☐
	현관 청소는 얼마나 주기적으로 하는가?		☐

공간	확인 사항	답변	완료
화장실	거울장 안에 있는 물건들 중 불필요한 것은 무엇인가?		☐
	물건이 화장실 사용 동선에 맞게 효율적으로 배치되어 있는가? (화장지를 다 사용한 후 쉽게 채워넣을 수 있게 했는지, 수건의 위치는 편리한지 등)		☐
	지금 화장실에 있지 말아야 할 물건은 무엇인가?		☐
	샴푸, 린스, 바디워시, 비누, 치약 등의 유통기한은 다 파악했는가?		☐
	눈살을 찌푸리게 할 정도로 지저분한 것들이 있는가? (물때, 바닥 타일 줄눈의 상태, 실리콘에 낀 곰팡이, 변기 상태, 녹슨 거울 등)		☐
	화장실 청소는 얼마나 주기적으로 하는가?		☐

공간	확인 사항	답변	완료
주방	주방에 어떤 물건들이 있는지 전부 파악하고 있는가?		☐
	주방에 있지 말아야 할 물건은 무엇인가?		☐
	상온 보관 식재료 중 유통기한이 지난 것이 있는가?		☐
	냉장고 속 식재료 중 오래되어 버려야 할 것이 있는가?		☐
	냉동실 속 식재료가 무엇인지 전부 알고 있는가?		☐
	냉장고 청소는 얼마나 주기적으로 하는가?		☐

주방	수납장 속 물건들은 동선에 맞게 효율적으로 배치되어 있는가?		☐
	모든 가족 구성원이 주방에서 음식을 만들거나 찾아 먹는 데 불편이 없는가?		☐
	텀블러나 지퍼백, 식기류 등 지나치게 많은 주방용품이 있지는 않은가?		☐
	위생에 문제가 될 정도로 오래 쓴 물건이 있는가? (썩은 나무주걱, 기름기 때문에 끈적끈적해진 실리콘 제품, 축축한 행주나 수세미 등)		☐
	설거지는 미루지 않고 바로바로 하는가?		☐
	음식물 쓰레기 관리는 제대로 하고 있는가?		☐
	싱크대 등 주방 청소는 날마다 하는가?		☐
	환기와 건조는 잘 이루어지고 있는가?		☐

공간	확인 사항	답변	완료
거실	서재형 북카페, TV 시청 등 공간을 명확한 목적에 맞게 사용하고 있는가?		☐
	TV장과 TV 표면에 먼지가 쌓이진 않았는가?		☐
	인터넷 공유기 전선 등이 복잡하고 지저분하게 얽혀 방치되고 있지는 않은가? 리모컨의 자리가 있는가?		☐
	TV장이 있다면 그 안에 든 물건들을 모두 파악하고 있는가?		☐

거실	안 쓰는 운동기구 등 거실에 불필요한 물건이 방치되어 있지는 않은가?		☐
	소파 위에 벗어놓은 옷이나 던져둔 가방 등이 있는가?		☐
	거실에 더 이상 두고 싶지 않은 물건은 무엇인가?		☐
	바닥 청소와 환기는 날마다 하는가?		☐
	커튼 세탁이나 소파 청소는 얼마나 주기적으로 하는가?		☐
	거실 창의 방충망, 창틀, 유리 등의 청소는 얼마나 주기적으로 하는가?		☐

공간	확인 사항	답변	완료
침실	오직 잠을 자기 위한 공간인가?		☐
	수면에 방해가 되는 물건은 무엇인가?		☐
	책상이나 옷장 등이 있다면 최적의 배치를 했는가?		☐
	침대 위에 무분별하게 걸쳐두는 물건이 있는가?		☐
	아침에 일어나면 침구 정리를 하는가?		☐
	침구류의 세탁 주기는 얼마나 되는가?		☐
	환기는 얼마나 자주 하는가?		☐

공간	확인 사항	답변	완료
서재	목적에 맞게 공간을 제대로 활용하고 있는가? (책을 읽고 공부를 하는 공간인지, 책을 비롯해 여러 물건들을 쌓아두는 공간인지 등)		☐
	서재에 있지 말아야 할 물건은 무엇인가?		☐
	지난 몇 년간 읽지 않은 책은 몇 권이나 되는가?		☐
	책꽂이 공간을 초과하는 책이 있다면 몇 권이나 치울 것인가?		☐
	책꽂이의 위치, 책의 배치는 적절한가? (햇빛에 책 표지나 책등이 바래기 쉬운 배치는 아닌지 등)		☐
	환기와 청소는 충분히 이루어지고 있는가?		☐

공간	확인 사항	답변	완료
드레스룸	드레스룸 외에 다른 공간에도 옷이 있는가?		☐
	내가 갖고 있는 옷 전부를 다 파악할 수 있는가?		☐
	드레스룸이 감당할 수 있는 만큼만 옷을 남기려면 몇 벌이나 치울 것인가?		☐
	지난 3년간 한 번도 입지 않은 옷은 몇 벌인가?		☐
	드레스룸에 있지 말아야 할 물건은 무엇인가?		☐
	수선이 필요해서 입지 못하고 방치한 옷은 몇 벌인가?		☐

드레스룸	추억 때문에 보관 중인 옷이 있다면 망가지지 않게 관리되고 있는가?		☐
	계절별, 가족 구성원별 배치는 적절한가?		☐
	옷의 세탁 주기는 어떻게 되는가?		☐
	환기와 청소는 충분히 이루어지고 있는가?		☐

공간	확인 사항	답변	완료
아이 방	아이의 생활에 최적화된 기능을 하고 있는가? (거실에서 놀고 안방에서 같이 자는 바람에 제 기능을 못하는 방은 아닌지 등)		☐
	아이 방에 있는 물건을 전부 파악했는가?		☐
	아이 방에 있지 말아야 할 물건은 무엇인가?		☐
	아이와 함께 방을 정리하고 있는가?		☐
	아이에게 직접 정리할 기회를 주고 있는가?		☐
	환기와 청소는 충분히 이루어지고 있는가?		☐

공간	확인 사항	답변	완료
베란다	베란다의 공간 활용 목적이 명확한가? (자주 사용하지 않는 물건을 보관하는 창고, 나만의 작업실, 홈카페 등)		☐
	베란다에 어떤 물건이 있는지 모두 파악했는가?		☐

베란다	목적에 맞지 않는 물건은 무엇인가?		☐
	지난 3년 동안 한 번도 꺼내지 않은 물건은 무엇인가?		☐
	물건을 꺼내기 쉽게 최적의 수납이 이루어졌는가?		☐
	청소와 환기로 곰팡이 없이 쾌적하게 관리되고 있는가?		☐

공간	확인 사항	답변	완료
세탁실	의류별, 색깔별로 구분해 세탁물을 쉽게 둘 수 있는 공간이 있는가?		☐
	세탁 후 건조에 유리한 동선인가?		☐
	세탁에 필요한 물건 외에 쌓아둔 물건은 무엇인가?		☐
	세탁기 및 건조기 등의 청소는 얼마나 주기적으로 하는가?		☐
	환기와 건조로 쾌적하게 관리되고 있는가?		☐
	분리수거 쓰레기통을 두고 있다면 깨끗하게 관리하고 있는가?		☐

공간	확인 사항	답변	완료
반려 동물	사료와 용품들의 수량을 전부 파악하고 있는가?		☐

반려 동물	유통기한이 지난 것들이 있는가?		☐
	물건이 모두 최적의 자리에 정리되어 있는가?		☐
	더 이상 사용하지 않는 방치된 물건은 무엇인가?		☐
	화장실 및 용품들의 청소 주기는 어떻게 되는가?		☐

2. 물건별 체크리스트

물건	확인 사항	답변	완료
침대	수납이 가능한 형태라면 서랍 안에 있는 물건을 전부 파악하고 있는가?		☐
	서랍에서 어떤 물건을 비울 것인가?		☐
	침대의 크기는 적당한가?		☐
	더 이상 사용하지 않는 침구류가 있는가?		☐
	프레임을 버리고 매트리스만 쓰는 등 어떤 변화를 원하는가?		☐

물건	확인 사항	답변	완료
화장대	화장대 외의 공간에 화장품이 더 있는가?		☐
	유통기한이 지난 오래된 화장품이 있는가?		☐

화장대	화장대와 서랍에 어떤 화장품들이 있는지 전부 파악하고 있는가?		☐
	브러시나 스펀지, 빗 등은 주기적으로 세탁하거나 교체하는가?		☐
	상태가 좋지만 사용하지 않는 화장품들은 어떻게 처리할 것인가?		☐

물건	확인 사항	답변	완료
옷장	문을 열었을 때 어떤 옷이 있는지 한눈에 파악할 수 있게끔 정리되어 있는가?		☐
	옷을 넣고 꺼내기 수월하게 정리되어 있는가?		☐
	오래 걸어두면 망가지는 패딩이나 니트 등은 적절하게 개켜서 보관 중인가?		☐
	뒤엉키게 쌓아둔 옷이 있는가?		☐
	속옷이나 양말, 모자, 벨트, 스카프, 넥타이 등은 효율적으로 수납했는가?		☐
	옷에서 냄새가 나지 않도록 관리하는가?		☐
	무분별하게 걸어두기만 한 옷걸이는 없는가?		☐

물건	확인 사항	답변	완료
책상	공부, 독서, 작업 외에 방해가 되는 물건은 없는가?		☐

책상	책상 서랍에 어떤 물건들이 있는지 전부 파악했는가?		☐
	나오지 않는 펜, 더 이상 사용하지 않는 수첩 등은 버렸는가?		☐
	책상 위에는 어떤 물건만 둘 것인가?		☐
	외출 후 돌아왔을 때 습관적으로 물건을 쌓아두지는 않는가?		☐

물건	확인 사항	답변	완료
책장	내가 가진 책 전부를 파악하고 있는가?		☐
	어릴 때 봤던 백과사전, 학창시절 참고서 등은 버렸는가?		☐
	앞으로도 읽지 않을 책은 몇 권인가?		☐
	소장용으로 남길 책은 몇 권인가?		☐
	책 외에 마구잡이로 올려둔 물건이 있는가?		☐

물건	확인 사항	답변	완료
서랍장	어떤 목적으로 사용하는 서랍장인가?		☐
	서랍장 안에 어떤 물건들이 있는지 전부 파악했는가?		☐
	버려도 되는 물건들을 찾았는가?		☐

물건	확인 사항	답변	완료
식탁	식탁 위에 식사와 관련 없는 물건들이 있는가?		☐
	식탁 위 물건들을 다른 곳으로 옮길 수 있는가? (영양제는 정수기 근처, 간식은 수납장, 다 먹은 음료수는 쓰레기통 등으로)		☐

3. 디지털 정리 체크리스트

	확인 사항	답변	완료
휴대전화	사진과 동영상을 주기적으로 삭제하는가?		☐
	사용하지 않는 앱이 있는가?		☐
	더 이상 필요 없는 정보를 적어놓은 메모장을 정리하는가?		☐
	내 시간을 의미 없이 뺏는 앱을 기꺼이 없앨 의향이 있는가?		☐

	확인 사항	답변	완료
컴퓨터	컴퓨터 속 파일들을 무분별하게 저장해두기만 하지는 않는가?		☐
	불필요한 데이터 삭제는 주기적으로 하는가?		☐

컴퓨터	중요한 데이터는 클라우드나 외장하드에도 저장해 두었는가?		☐

	확인 사항	답변	완료
인터넷	이용하지 않는 사이트의 회원 탈퇴를 하는가?		☐
	온라인 저장 공간의 파일 관리를 주기적으로 하는가?		☐